2021

Training

Abschlussprüfung

Realschule Baden-Württemberg

Deutsch

LÖSUNGEN

STARK

15. neu bearbeitete Auflage
www.stark-verlag.de

Inhalt

Vorwort

Lösungen: Training Grundwissen

Pflichtteil A 1: Sachtext
Übung 1–12 1

Pflichtteil A 2: Lektüre
Übung 13–18 17

Wahlteil B: Textgebundene dialektische Erörterung
Übung 19–31 30

Wahlteil B: Textbeschreibung Lyrik
Übung 32–45 40

Wahlteil B: Textbeschreibung Prosa
Übung 46–59 53

Lösungen: Übungsaufgaben im Stil der Abschlussprüfung

Übungsaufgabe 1
Pflichtteil A 1: Vivien Timmler: *Plastikmüll: Schluss mit dem Konsum für die Tonne!* 67
Pflichtteil A 2: Gabriele Clima: *Der Sonne nach* 70
Wahlteil B: Erörterung: Plastikmüll – Möglichkeiten zur Reduzierung und Schwierigkeiten dabei 73
Textbeschreibung Lyrik: Mascha Kaléko: *Einmal sollte man* 77
Textbeschreibung Prosa: Botho Strauß: *Rückkehr* 82

Übungsaufgabe 2

Pflichtteil A 1: Sebastian Balzter: *Lebensmittelpreise: Unser billiges Essen* ... 87

Pflichtteil A 2: Gabriele Clima: *Der Sonne nach* ... 90

Wahlteil B: Erörterung: Öffentlicher Personennahverkehr – Pro und Kontra kostenloser ÖPNV ... 94

Textbeschreibung Lyrik: Michail Krausnick: *Modern modern* ... 98

Textbeschreibung Prosa: Josianne Maas: *Konsequenz* ... 104

Jeweils zu Beginn des neuen Schuljahres erscheint der aktuelle Band „Training Abschlussprüfung“ mit der Original-Prüfung sowie das zugehörige Lösungsheft.

Autorinnen der Lösungsvorschläge:

Anja Engel (Training Grundwissen: Kapitel 1–3, 6; Übungsaufgabe 2)

Sandra Wagner (Training Grundwissen: Kapitel 4, 5)

Franziska Schnurrer (Übungsaufgabe 1)

Vorwort

Liebe Schülerin, lieber Schüler,

dies ist das Lösungsbuch zum Band *Training Abschlussprüfung 2021 Deutsch Realschule Baden-Württemberg* (Best.-Nr. 81540ML). Es enthält ausführliche und kommentierte Lösungen zu den Trainingsaufgaben und den Übungsaufgaben im Stil der Abschlussprüfung.

Die Lösungen ermöglichen es dir, deine Leistung einzuschätzen. Es handelt sich um **Lösungsvorschläge**, die dir zeigen, wie man die Aufgaben richtig und umfassend beantworten kann. Das heißt, dass – außer bei den geschlossenen Aufgaben – auch andere Lösungen als die hier abgedruckten möglich sind. Die Lösungen sind manchmal recht ausführlich und geben dir Anregungen, was du alles schreiben könntest. Das heißt nicht, dass deine Antworten auch immer so lang sein müssen. Wichtig ist, dass du die Hinweise beachtest, die in der Aufgabenstellung genannt sind, und alles **vollständig** und **richtig** bearbeitest.

Außerdem gilt: Versuche stets, die Aufgabe zunächst **selbstständig** zu lösen, und sieh nicht gleich in der Lösung nach. Solltest du nicht weiterkommen, helfen dir die grau markierten **Hinweise und Tipps** bei der jeweiligen Lösung. Wenn du sie gelesen hast, solltest du unbedingt selbstständig weiterarbeiten. Am Schluss solltest du deine Lösung in jedem Fall mit der hier angebotenen Lösung vergleichen und deine eigenen Ergebnisse kontrollieren und gegebenenfalls korrigieren oder ergänzen. Lies zu allen Aufgaben, die du nicht richtig lösen konntest oder bei denen du dir unsicher warst, noch einmal die allgemeinen Erläuterungen in dem entsprechenden Kapitel im A4-Trainingsband durch.

Viel Spaß beim Üben und vor allem viel Erfolg in der Prüfung!

▶ Lösungen Training Grundwissen

Pflichtteil A 1: Sachtext

Übung 1

1.

	richtig	falsch
Die Autorin berichtet von einem Pullover, den sie ursprünglich einmal gut fand und hauptsächlich deshalb haben wollte, weil ihn auch andere besaßen.	☒	☐
Jede*r Deutsche kauft im Jahr durchschnittlich 12 kg neue Kleidung.	☐	☒
Nur 5 Prozent aller in Deutschland gespendeter Kleidung wird direkt an Bedürftige verteilt.	☐	☒
Überwiegend werden die gespendeten Altkleider an sogenannte Verwertungsfirmen weiterverkauft.	☒	☐
Es gibt mittlerweile viele illegal aufgestellte Altkleidercontainer, die nur vorgeben, die Kleidung für karitative Zwecke zu sammeln. In Wahrheit wollen die Betreiber aber Profit machen.	☒	☐

✎ ***Hinweis:*** *Die zweite Aussage ist falsch, weil Deutsche im Durchschnitt 12 kg Kleidung pro Jahr spenden und nicht kaufen. Bei der dritten Aussage bezieht sich die Prozentangabe nur auf die Altkleider, die das DRK direkt an Bedürftige verteilt. Daher ist diese Aussage ebenfalls falsch.*

2. a) *In folgenden Zeilen findest du die Schlüsselbegriffe:*
   - „zu gut erhalten“ (Z. 7)
   - „etwas Gutes“ (Z. 8)
   - „karitativen Zwecken“ (Z. 11)
   - „Bedürftige in Deutschland“ (Z. 25)

   b)
   - *Oft sind die Kleidungsstücke zu gut erhalten, um sie wegzuschmeißen, deshalb* werden sie lieber in den Altkleidercontainer geworfen.
   - *Viele Menschen in Deutschland glauben,* dass sie mit ihren alten Kleidern auch noch etwas Gutes tun, das einem karitativen Zweck dient.
   - *Viele denken, dass die ausrangierten Kleider* bei Bedürftigen in Deutschland oder Afrika landen.

3. a)

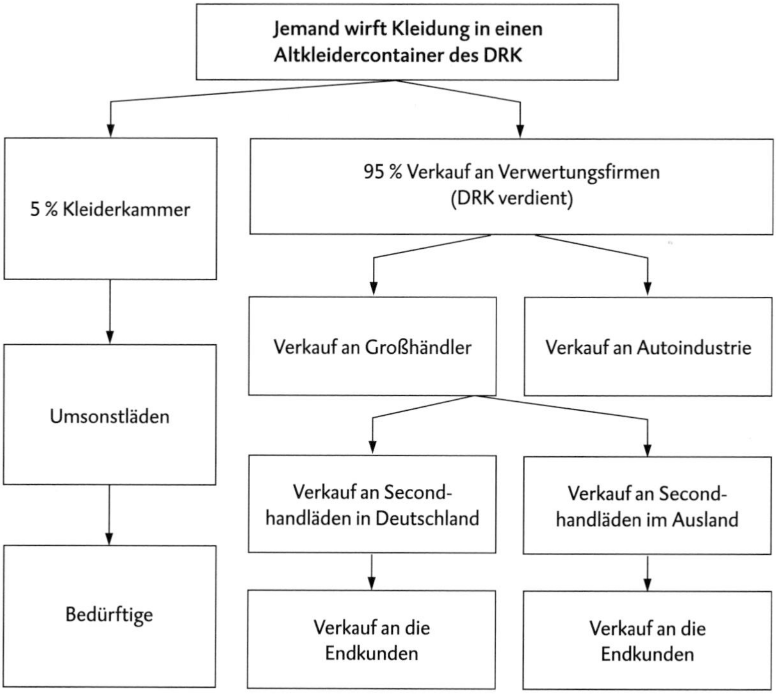

b) *So könnte dein Text weitergehen:*
Es profitieren z. B. karitative Einrichtungen wie das Deutsche Rote Kreuz (DRK). Es betreibt Kleiderkammern oder sogenannte Umsonstläden. Somit haben auch Bedürftige etwas von den Kleiderspenden. Das DRK verkauft 95 Prozent der Kleidung aus den Containern an Verwertungsfirmen, die diese wiederum an Großhändler oder die Autoindustrie weiterverkaufen. Die Großhändler verkaufen die Kleidung an Secondhandläden in Deutschland oder im Ausland. Diese verdienen anschließend ebenfalls am Verkauf der Kleidung.

4. a) Aktion: *Europa exportiert Secondhandkleidung nach Afrika.* (vgl. Z. 51–53)
Auswirkung: regionale Textilindustrie in Afrika kann mit den billigen Preisen nicht mithalten und wird zerstört

Aktion: *Ruanda verhängte 2019 ein Importverbot für Secondhandkleidung aus dem Ausland.* (vgl. Z. 53/54)
Auswirkung: lokale Industrie soll wieder aufleben

b) Ruanda hat 2019 ein Importverbot für Secondhandkleidung aus dem Ausland verhängt, um die lokale Industrie wieder aufleben zu lassen. Durch den Export von Secondhandkleidung aus Europa wird die regionale Textilindustrie in Afrika zerstört, weil diese mit den billigen Preisen nicht mithalten kann.

5. a) *Folgenden Absatz solltest du unterstrichen haben:*
„Befürworter*innen sehen das anders: Von einem Verbot profitiere nicht zwangsläufig die lokale Textilindustrie, sondern chinesische T-Shirts, Hosen oder Jacken könnten den Markt überschwemmen. Viele Menschen in Afrika würden gerne Secondhandkleidung tragen, weil sie den westlichen Modetrends entspräche, die durch Social Media auch in Afrika ankommen." (Z. 55–59)

b) *Befürworter*innen der Importe von europäischer Secondhandkleidung nach Afrika argumentieren,* dass von einem Verbot nicht zwangsläufig die lokale Textilindustrie profitiert, sondern stattdessen chinesische T-Shirts, Hosen oder Jacken den Markt überschwemmen könnten. Viele Menschen in Afrika trügen eigentlich gerne Secondhandkleidung, weil sie den westlichen Modetrends entspricht, die durch Social Media auch in Afrika ankommen.

6. a) *Folgende Passage solltest du unterstrichen haben:*
„Ernüchtert stelle ich fest, dass mein Versuch, meine Spende sinnvoll einzusetzen, nicht ganz geglückt ist. Altkleiderspenden sind nur eine halbherzige Lösung für ein Problem, das viel tiefer liegt. Das eigentliche Problem bin ich, die Konsumentin, die zu vielen kurzlebigen Modetrends nacheifert." (Z. 60–63)

b) Noelle Konate kommt zu der ernüchternden Erkenntnis, dass ihre Vorstellungen, mit ihrer Altkleiderspende viel Gutes zu bewirken, naiv waren. Sie erkennt, dass sie als Konsumentin das eigentliche Problem ist, da sie zu vielen kurzlebigen Modetrends nacheifert und damit die Massen an Altkleidern verursacht.

Übung 2

1.

	Nomen	Artikel	Adjektiv	Numerale	Pronomen	Verb	Adverb	Präposition	Konjunktion	Subjunktion	Interjektion
Das Internet verrät mir, woran ich seriöse Container erkenne.					✗						
Nur fünf Prozent verteilt das DRK in Kleiderkammern an Bedürftige.	✗										
Gut genug für die Kleiderkammer?								✗			
Eine schöne Vorstellung, finde ich.		✗									
Aber ist das vertretbar?									✗		
Eher was für die Ukraine als für Uganda.							✗				
Ernüchtert stelle ich fest, dass mein Versuch nicht ganz geglückt ist.										✗	
Altkleiderspenden sind nur eine halbherzige Lösung.			✗								
Aha, das hätte ich mir denken können.											✗
Von einem Verbot profitiere nicht zwangsläufig die lokale Textilindustrie.						✗					
Das DRK gibt an, dass es im Jahr knapp hunderttausend Tonnen Altkleider sammelt.				✗							

2. a) *Das erste Lokaladverb:* da (Z. 1)

   b) *Das erste Modaladverb:* unberührt (Z. 1)

   c) *Das erste Numerale:* zwei (Z. 1)

   d) *Das erste Personalpronomen:* er (Z. 1)

   e) *Das erste Possessivpronomen:* meiner (Z. 2)

f) *Das erste Relativpronomen:* den (Z. 1)

g) *Die erste Konjunktion:* und (Z. 3)

h) *Die erste Subjunktion:* um (Z. 4)

i) *Das erste Modalverb:* wollte (Z. 2)

3. a) Das (**bestimmter Artikel**) Konsumverhalten, das (**Relativpronomen**) hier angeprangert wird, betrifft auch uns.

   b) Die Container werden zwar zuverlässig (**Adverb**) geleert, aber nicht immer von zuverlässigen (**Adjektiv**) Organisationen.

   c) An der Idee ist am besten (Superlativ von „gut" = **Adjektiv**), dass die Besten (nominalisiertes Adjektiv = **Nomen**) weiterhin z. B. von Bedürftigen getragen werden können.

Übung 3

So könntest du die Tabelle ergänzt haben:

Verb	Adjektiv	Nomen	zusammengesetztes Nomen (Kompositum)
schützen	schutzlos	*Schutz*	Umweltschutz
verschwenden	verschwenderisch	Verschwendung	Verschwendungssucht
recyceln	recycelbar	Recycling	*Recyclinghof*
verwerten	*verwertbar*	Verwertbarkeit/ Verwertung	Verwertungsfirma
weiterverkaufen	weiterverkaufbar	Weiterverkauf	*Weiterverkaufsverbot*
konsumieren	konsumierbar	*Konsumentin*	Konsumverhalten

Übung 4

1. a) Präsens und Perfekt

   b) Plusquamperfekt und Präteritum

   c) Futur I

2. Ich **war** neugierig und **wollte** herausfinden, ob mein Pullover in einem Umsonstladen des DRK gelandet **war**.

3. a) Dubiose Firmen stellen Altkleidercontainer illegal auf und täuschen karitative Vorhaben nur vor.
   b) Ich wurde von der Dame am Telefon darauf hingewiesen, dass es sich hier um einen Altkleidercontainer des DRK handelt.
   c) Kein neuer Pullover wurde seither (von mir) gekauft.

4.

	Indikativ	Konjunktiv I	Konjunktiv II	Ersatzform mit „würde“
Kritiker*innen argumentieren,	X			
dass durch den Export von Secondhandkleidung die regionale Textilindustrie in Afrika zerstört werde:		X		
Mit den billigen Preisen könne die nicht mithalten.		X		
2019 hat Ruanda deswegen ein Importverbot verhängt.	X			
Befürworter*innen sehen das anders:	X			
Von einem Verbot profitiere nicht zwangsläufig die lokale Textilindustrie,		X		
sondern chinesische T-Shirts, Hosen oder Jacken könnten den Markt überschwemmen.			X	
Viele Menschen in Afrika würden gerne Secondhandkleidung tragen,				X
weil sie den westlichen Modetrends entspräche,			X	
die durch Social Media auch in Afrika ankommen.	X			

5.

Die Autorin erläutert:	Die Autorin erläutert, …
„Im Durchschnitt spendet jede*r zwölf Kilogramm alte Kleider im Jahr […].“ (Z. 9)	im Durchschnitt spende jede*r zwölf Kilogramm alte Kleider im Jahr (vgl. Z. 9).
„Das Internet verrät mir, woran ich seriöse Container erkenne […].“ (Z. 15)	das Internet verrate ihr, woran sie seriöse Container erkenne (vgl. Z. 15).
„Nur fünf Prozent verteilt das DRK in Kleiderkammern an Bedürftige in Deutschland.“ (Z. 24/25)	nur fünf Prozent verteile das DRK in Kleiderkammern an Bedürftige in Deutschland (vgl. Z. 24/25).
„Altkleiderspenden sind nur eine halbherzige Lösung für ein Problem, das viel tiefer liegt.“ (Z. 61/62)	Altkleiderspenden seien nur eine halbherzige Lösung für ein Problem, das viel tiefer liege (vgl. Z. 61/62).

Übung 5

a) Container: Maskulinum, Plural, Akkusativ

b) Deutschen Roten Kreuzes: Neutrum, Singular, Genitiv

c) Kleiderkammer: Femininum, Singular, Dativ

d) Preisen: Maskulinum, Plural, Dativ

e) Rest: Maskulinum, Singular, Nominativ

Übung 6

a) Es handelt sich um ein **Satzgefüge**, das aus einem Hauptsatz und einem Nebensatz besteht. Im Hauptsatz steht das Verb an der zweiten Stelle (**Verbzweitsatz**). Der Nebensatz wird durch die Subjunktion „da“ eingeleitet. Das finite Verb steht an der letzten Stelle (**Verbletztsatz**).

b) Es liegt eine **Satzreihe** vor. Diese besteht aus zwei Hauptsätzen. Im ersten Hauptsatz steht das finite Verb an zweiter Stelle (**Verbzweitsatz**). Beim zweiten Hauptsatz handelt es sich ebenfalls um einen **Verbzweitsatz**.

c) Es handelt sich um ein **Satzgefüge** aus einem Haupt- und einem Nebensatz. Im Hauptsatz steht das finite Verb an zweiter Stelle (**Verbzweitsatz**). Der Nebensatz wird durch die Subjunktion „obwohl“ eingeleitet. Das finite Verb steht an letzter Stelle (**Verbletztsatz**).

Übung 7

1. a) Seit zwei Jahren <u>liegt</u> er da.
   b) Auf ihnen <u>müssen</u> Adresse sowie Rufnummer der sammelnden Organisation (stehen.)
   c) Der <u>wurde</u> wahrscheinlich (weiterverkauft.)

2.

Vorfeld	linke Satz-/ Verbklammer	Mittelfeld	rechte Satz-/ Verbklammer	Nachfeld
Seit zwei Jahren	liegt	er da.		
Auf ihnen	müssen	Adresse sowie Rufnummer der sammelnden Organisation	stehen.	
Der	wurde	wahrscheinlich	weiterverkauft.	

3.

Vorfeld	linke Satz-/ Verbklammer	Mittelfeld	rechte Satz-/ Verbklammer	Nachfeld
Der restliche Raum	*ist*	*daher mit Boxen und Tüten voller Kleidung*	*vollgestopft.*	
	Ist	der restliche Raum daher mit Boxen und Tüten voller Kleidung	vollgestopft?	
Daher	ist	der restliche Raum mit Boxen und Tüten voller Kleidung	vollgestopft.	
Mit Boxen und Tüten voller Kleidung	ist	der restliche Raum daher	vollgestopft.	

4. a)

Koordinationsfeld	Vorfeld	linke Satz-/Verbklammer	Mittelfeld	rechte Satz-/Verbklammer	Nachfeld
	2019	hat	Ruanda ein Importverbot	verhängt,	um die lokale Industrie wieder aufleben zu lassen.
oder:		um	die lokale Industrie	wieder aufleben zu lassen.	
	Ruanda	hat	2019 ein Importverbot	verhängt,	um die lokale Industrie wieder aufleben zu lassen.
	Um die lokale Industrie wieder aufleben zu lassen,	hat	Ruanda 2019 ein Importverbot	verhängt.	
	Ein Importverbot	hat	Ruanda 2019	verhängt,	um die lokale Industrie wieder aufleben zu lassen.

Satzglieder sind also:
2019 (1) hat (2 a) Ruanda (3) ein Importverbot (4) verhängt (2 b), um die lokale Industrie wieder aufleben zu lassen (5).

b)

Koordinationsfeld	Vorfeld	linke Satz-/Verbklammer	Mittelfeld	rechte Satz-/Verbklammer	Nachfeld
	Am wahrscheinlichsten	ist	es,		dass mein Pullover mit dem ausgeleierten Ärmelsaum in einem Flieger nach Afrika liegt.
oder:		dass	mein Pullover mit dem ausgeleierten Ärmelsaum in einem Flieger nach Afrika	liegt.	
	Es	ist	am wahrscheinlichsten,		dass mein Pullover mit dem ausgeleierten Ärmelsaum in einem Flieger nach Afrika liegt.

Satzglieder sind also:
Am wahrscheinlichsten (1) ist (2) es (3), dass mein Pullover mit dem ausgeleierten Ärmelsaum in einem Flieger nach Afrika liegt.

Hinweis: *Das Pronomen „es" im Hauptsatz repräsentiert den Nebensatz. Da du das Pronomen bei der Vorfeldprobe nicht einfach weglassen darfst, handelt es sich bei dem Nebensatz auch nicht um ein eigenes Satzglied. Du kannst den ganzen Nebensatz daher in das Nachfeld eintragen oder ihn in einer eigenen Zeile aufschlüsseln, wenn das Nachfeld leer bleiben soll.*

c)

Koor-dina-tions-feld	Vorfeld	linke Satz-/Verb-klammer	Mittelfeld	rechte Satz-/Verb-klammer	Nachfeld
	Es	hat	fast ein bisschen	ge-schmerzt,	als ich die Ladentür nicht öffnete.
oder:		als	ich die Laden-tür nicht	öffnete.	
	Fast	hat	es ein bisschen	ge-schmerzt,	als ich die Ladentür nicht öffnete.
	Als ich die La-dentür nicht öffnete,	hat	es fast ein bisschen	ge-schmerzt.	
	Ein bis-schen	hat	es fast	ge-schmerzt,	als ich die Ladentür nicht öffnete.

Satzglieder sind also:
Es (1) hat (2a) fast (3) ein bisschen (4) geschmerzt (2b), als ich die Ladentür nicht öffnete (5).

Übung 8

1. a) (1) 2019: (Wann?) Adverbiale Bestimmung der Zeit/Temporaladverbiale
   (2) hat ... verhängt: Prädikat
   (3) Ruanda: (Wer?) Subjekt
   (4) ein Importverbot: (Was?) Akkusativobjekt
   (5) um die lokale Industrie wieder aufleben zu lassen: (Warum?) Adverbiale Bestimmung des Grundes/Kausaladverbiale

   b) (1) Am wahrscheinlichsten: (Wie?) Adverbiale Bestimmung der Art und Weise/Modaladverbiale
   (2) ist: Prädikat
   (3) es: (Was?) Subjekt

   c) (1) Es: (Was?) Subjekt
   (2) hat ... geschmerzt: Prädikat
   (3) fast: (Wie?) Adverbiale Bestimmung der Art und Weise/Modaladverbiale
   (4) ein bisschen: (Wie?) Adverbiale Bestimmung der Art und Weise/Modaladverbiale
   (5) als ich die Ladentür nicht öffnete: (Wann?) Adverbiale Bestimmung der Zeit/Temporaladverbiale

2. a) Die Container <u>ohne Aufstellgenehmigung</u> sollte man meiden. → Präpositionales Attribut

   b) Die Absichten <u>der Spender</u> sind nachvollziehbar. → Genitivattribut

   c) Ein <u>schlechtes</u> Gewissen spielt bei Altkleidersammlungen oft eine Rolle. → Adjektivattribut

   d) Noelle Konate, <u>eine Verbraucherin</u>, resigniert am Ende nicht. → Apposition

   e) Der Transport <u>der Kleidung</u> <u>nach Afrika</u> bringt Probleme mit sich. → Genitivattribut und Präpositionales Attribut

   f) Am beliebtesten sind Kleidungsstücke, <u>die Marken angehören</u>. → Attributsatz (Relativsatz)

   g) Die Kleiderkammern <u>des DRK</u> helfen <u>vielen</u> Bedürftigen. → Genitivattribut und Adjektivattribut

Übung 9

	Infinitivgruppe	Partizipgruppe	Satz
Vom Einkaufen berauscht, denken viele Menschen nicht an die Vergänglichkeit von Mode.	☐	☒	☐
Manche Menschen gehen in Secondhandläden, um beim Einkaufen Geld zu sparen.	☒	☐	☐
Einige Firmen verdienen viel Geld mit Altkleidern, indem sie diese gewinnbringend weiterverkaufen.	☐	☐	☒
Anstatt weniger Kleidung zu kaufen, gehen die Menschen immer öfter zum Einkaufen.	☒	☐	☐
Altkleider aus Deutschland werden häufig ins Ausland gebracht, wo sie der lokalen Textilindustrie Konkurrenz machen.	☐	☐	☒
Online-Shops erfreuen sich großer Beliebtheit, da sie es ermöglichen, bequem von zu Hause aus einzukaufen.	☒	☐	☐
Durch Freunde bekräftigt, wollen junge Leute den neuesten Modetrends folgen.	☐	☒	☐
Die Fast-Fashion-Bewegung schadet unserer Umwelt, da billig produzierte Kleidungsstücke häufig mit giftigen Chemikalien behandelt werden.	☐	☐	☒

Übung 10

1. a) „Doch nicht alle dienen karitativen **wohltätigen** Zwecken." (Z. 10/11)
   → Es gibt auch Altkleidercontainer, die aus **eigennützigen** Gründen aufgestellt wurden.

   b) „Manche Firmen wollen damit Profit **Gewinn** machen […]" (Z. 12)
   → Andere Firmen sind zumindest darauf bedacht, damit keinen **Verlust** zu machen.

   c) „[D]as Geschäft mit den alten Hosen und Sweatshirts ist lukrativ **lohnend/gewinnbringend**." (Z. 12/13)
   → Ganz im Gegensatz zu anderen Geschäften, die eher **unprofitabel/unrentabel/unwirtschaftlich/ertragsarm** sind.

2.

Wort	Denotation	Konnotation
Haus	Wohngebäude	*Schutz, Geborgenheit, Familie ...*
Herz	*lebensnotwendiges Organ*	Liebe, Romantik, Verliebtsein ...
Ratte	Nagetier	hinterhältige Person

Übung 11

1.

	Regel
a) Je genauer sich Noelle Konate mit Altkleidercontainern beschäftigt**,** desto deutlicher wird ihr die Komplexität des Themas.	**7**
b) Sie entsorgt einen Pullover**,** den sie schon lange nicht mehr getragen hat.	**3**
c) Sie wirft den Pullover in den Container des Deutschen Roten Kreuzes**,** um ein besseres Gefühl beim Wegwerfen zu haben.	**6**
d) Noelle hat sehr viele ungetragene Kleidungsstücke in ihrem Schrank**,** vor allem Pullover.	**4**
e) Es ist ihr ein Bedürfnis**,** sich mit dem Thema auseinanderzusetzen.	**6**
f) Mensch**,** warum ist auch immer alles so kompliziert?	**5**
g) Sehr geehrte Damen und Herren des Deutschen Roten Kreuzes**,** ist der Altkleidercontainer in der Mörikestraße einer von Ihrer Organisation?	**5**
h) Sie zeigt Bereitschaft**,** den Pullover frühzeitig auszusortieren.	**6**
i) Noelle Konate**,** voller neuer guter Vorsätze**,** verzichtet schweren Herzens auf den Kauf eines neuen Pullovers.	**4**
j) Noelle Konate hat den Gefallen an ihrem Pullover verloren**,** jedoch will sie ihn auch nicht einfach wegwerfen.	**7**
k) Noelle Konate sortiert ihren Pullover aus**,** sie wirft ihn in einen Kleidercontainer des DRK.	**2**
l) Das Deutsche Rote Kreuz**,** verschiedene Verwertungsfirmen**,** Großhändler und Besitzer von Secondhandläden verdienen an Kleidung aus Containern.	**1**

2. a) Das Internet ist hilfreich, um seriöse Container zu erkennen. **6**
   b) Einerseits möchte man gerne allen Modetrends folgen, andererseits will man kein Konsummonster sein. **7**
   c) Menschen, die umweltbewusst einkaufen, reduzieren automatisch ihren Konsum. **3**
   d) Kinder, lasst uns mehr über Nachhaltigkeit sprechen! **5**
   e) Frau Camps ist eine der vier Frauen, die drei- bis viermal die Woche ehrenamtlich in der Kleiderkammer helfen. **3**
   f) Durch die Einführung eines Importverbots von Altkleidern können chinesische T-Shirts, Pullover, Hosen oder Jacken den afrikanischen Markt überschwemmen. **1**
3. a) Mit dem Komma wird der Nebensatz vom Hauptsatz abgetrennt.
   b) Das Komma wird gesetzt, da eine nachgestellte Erläuterung folgt.
   c) Mit dem Komma wird die Infinitivgruppe abgetrennt.
   d) Durch die Kommas werden die Elemente der Aufzählung voneinander getrennt.
   e) Der Relativsatz wird durch zwei Kommas (am Anfang und Ende) eingeschlossen.
4. a) „Ich habe [den Pullover] geliebt, neun Monate lang, um ihn dann wie eine missglückte Romanze langsam auszublenden." (Z. 3–5)
   b) Noelle Konate berichtet: „Immer mehr illegale Container werden auf Privatgrundstücken aufgestellt." (Z. 11/12)
   c) Die Autorin erfährt: „Die Verwertungsfirmen, die die Kleidung ankaufen, sortieren sie nach Qualität. Etwa die Hälfte landet direkt im Müll oder wird zu Putzlappen und Dämmmaterial für die Autoindustrie verarbeitet." (Z. 38–40)
   d) „Ernüchtert stelle ich fest, dass mein Versuch [...] nicht ganz geglückt ist." (Z. 60/61)

Übung 12

1. a) *Das* / *~~Dass~~* Entsorgen von Kleidung in Altkleidercontainern kann sich negativ auf die Textilwirtschaft in anderen Ländern auswirken.

b) Viele wissen nicht, ~~*das*~~ / *dass* unsere gespendete Kleidung im Ausland weiterverkauft wird.

c) Dadurch kann es dazu kommen, ~~*das*~~ / *dass* die lokale Textilindustrie zerstört wird und *das* / ~~*dass*~~ Wirtschaftswachstum im Land gebremst wird.

2. a) Viele **Kleidungsstücke** kann man mehrere Jahre lang tragen.

   b) Trotzdem gibt es Menschen, die ihren **Kleiderschrank** regelmäßig **aussortieren**.

   c) Die Tendenz geht dazu, dass die Leute ihre Kleidung **schnell entsorgen**, um wieder Platz im Schrank zu schaffen.

3. a) Das Adjektiv „gut" wird hier als Nomen verwendet. Es wird also nominalisiert und deshalb großgeschrieben.

   b) Es handelt sich um einen Eigennamen. Deshalb müssen alle Wörter großgeschrieben werden.

   c) Nach dem Doppelpunkt beginnt ein vollständiger Satz. Am Satzanfang wird immer großgeschrieben.

Pflichtteil A 2: Lektüre

Übung 13

a) ☒ eine Stunde

b) ☒ 25

c) ☒ 150 Wörter

d) ☒ ein Rechtschreibwörterbuch
☒ dein Exemplar der Lektüre
☒ Randnotizen im eigenen Buch

Übung 14

a) Elisa ist …
☒ Andys Pflegerin

b) Dario begegnet seinem Vater wieder nach …
☒ 9 Jahren.

c) ☒ Er kifft.
☒ Er wohnt in einem Lieferwagen.
☒ Er geht keiner geregelten Tätigkeit nach.

d) ☒ Dario distanziert sich von seinem Vater.
☒ Zwischen Dario und Andy entwickelt sich eine Art Freundschaft.
☒ Dario findet eine Möglichkeit, sich mit Andy zu verständigen.
☒ Dario hört auf zu kiffen.

Übung 15

1. und 2. Mögliche Lösung:

Kap.	Seiten	Überschrift	Auftretende Figuren
1	7–9	Ehrenamtliche Pflegebegleitung	Dario, Delfrati, Direktor
2	10/11	Alles ätzend	Dario, Darios Mutter
3	12/13	Andy	Dario, Delfrati, Andy, Elisa
4	14–19	Die erste Woche/Streit mit Elisa	Dario, Andy, Elisa
5	20–23	Kein normaler Mensch?	Dario, Andy, Delfrati, Elisa
6	24–26	Flucht zum Bahnhof	Dario, Andy, Polizisten, Passanten
7	27–29	Die Frau im Zug	Dario, Andy, Frau
8	30/31	Keine Fahrkarte nötig	Dario, Andy, Schaffner
9	32/33	San Vincenzo	Dario, Andy
10	34–37	Unterkühlt/Hilfe von Rak	Dario, Andy, Rak
11	38/39	Morgenkaffee mit Rak	Dario, Rak, Andy
12	40–42	Anruf in der Schule/Vaters Postkarte	Dario, Andy, Rak
13	43–45	Das Rakmobil	Dario, Andy, Rak
14	46–49	Unterwegs mit dem Rakmobil	Dario, Andy, Polizist, *nicht genannt:* Apothekerin
15	50–52	Kleiderkauf für Andy	Dario, Andy, *nicht genannt:* Kassiererin
16	53–57	Andy und das Wasserglas	Dario, Andy, *nicht genannt:* Mann
17	58–61	Traum von früher: Dario	Dario, Andy (Darios Eltern im Traum)
18	62–65	Traum von früher: Andy	Dario, Andy (Fabiola, Elisa im Traum)

Kap.	Seiten	Überschrift	Auftretende Figuren
19	66–70	Kaff ohne Pension	Dario, Andy, Mann, Frau (Fabiola, Darios Eltern in Gedanken)
20	71–73	In der Kirche	Dario, Andy, Pfarrer, Kirchengemeinde
21	74–83	Isabella und die blaue Katze	Dario, Andy, Tankwart, Isabella (Isa)
22	84–87	Blau	Dario, Andy
23	88–94	Tiffanys Party	Dario, Andy, Wachmann, Tiffany, Jugendliche
24	95–103	Duschen auf der Party	Dario, Andy, Tiffany, Sam
25	104–106	Andy am Pool	Dario, Andy, Tiffany, Jugendliche, *nicht genannt:* Sam
26	107–111	Wie die Madonna	Dario, Andy, Tiffany, Sam, Jugendliche
27	112/113	Keine Luft mehr	Dario, Andy
28	114–118	Ankunft in Torre Saracena	Dario, Andy, Barbesitzer
29	119–121	Vater gefunden	Dario, Andy, Nic
30	122–125	Kein Vater „Am Park“	Dario, Andy, Nic, Flora
31	126–130	Unehrliche Entschuldigung	Dario, Andy, Nic, Flora
32	131–136	Der verletzte Vogel und die Nonne	Dario, Andy, Nic, Nonne
33	137/138	Nach Hause	Dario, Andy, Nic, Direktor
34	139–141	Beim Direktor	Dario, Andy, Direktor, Delfrati, Andys Eltern, *nicht genannt:* Stellvertreter, Schulpsychologin, Sekretärin, Hausmeister
35	142–145	Der echte Dario	Dario, Darios Mutter
36	146–151	Wiedersehen mit Andy/ Gespräch mit Andys Vater	Dario, Darios Mutter, Andy, Andys Eltern

Übung 16

1.

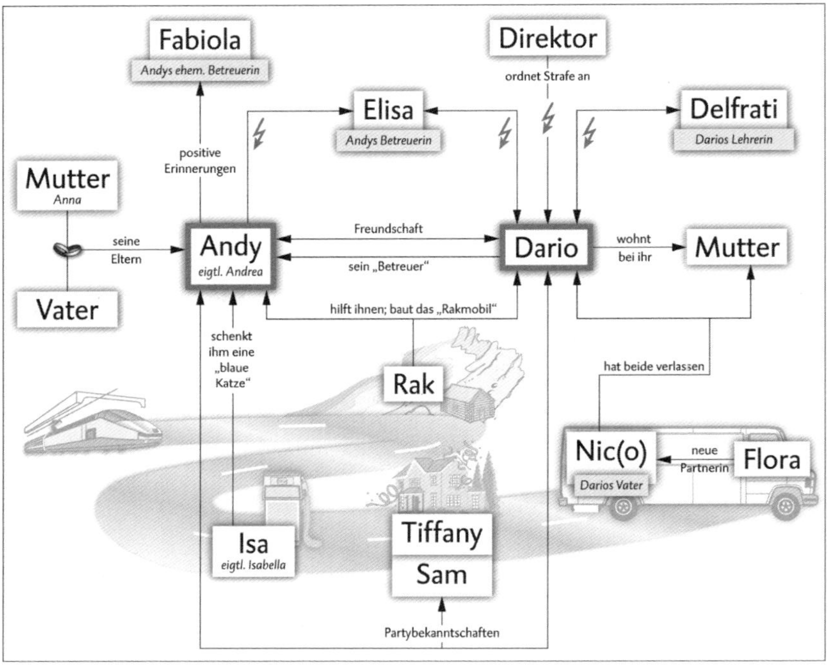

2.

Figur	Aussage
Rak	Er hat nicht mehr die Möglichkeit, mit seinem Vater zu sprechen, weil dieser schon tot ist.
Frau Delfrati	Ihr reales Vorbild war die Mathematiklehrerin von Gabriele Climas Sohn. Sie ist ein gutes Beispiel dafür, wie eine Lehrerin nicht sein sollte.
Fabiola	Sie war in der Lage, auf Andys besondere Bedürfnisse einzugehen und über die Augen mit ihm zu kommunizieren. Andy vermisst sie sehr.
Nic	Er ist der Meinung, dass Geschichten für Kinder Unsinn seien, und hat seinem Sohn eingebläut, dass ein Mann nicht weinen darf.
Andy	Er wird aufgeregt, als Dario mit ihm Rolltreppe fährt, und will noch einmal fahren. Er mag Geschwindigkeit und Wind.

Figur	Aussage
Isabella	Sie ist noch ein Kind, redet aber ganz ernsthaft mit Andy. Sie begegnet Andy auf Augenhöhe und macht ihm ein Geschenk – einen Stein, den sie wie eine blaue Katze bemalt hat.
Flora	Sie hat grüne Haare und ist die neue Lebensgefährtin von Nic. Sie bezeichnet sich selbst als „Baumfrau“ und scheint ständig unter Drogen zu stehen.
Nic	Er will von seinem Sohn nicht Papa genannt werden und ihm im Grunde auch kein Vater sein.
Nonne	Auf Darios Aussage, dass er besser mit Tieren als mit Menschen umgehen kann, erklärt sie ihm, dass sich auch Menschen die Flügel brechen können.
Schuldirektor	Er bestraft Dario damit, dass er sich um die „weniger vom Schicksal begünstigten“ Personen kümmern muss. Er droht Dario mit der Jugendstrafanstalt, wenn er nicht sofort mit Andy zurückkommt.
Andys Vater	Er ist begeistert von den Fortschritten, die sein Sohn gemacht hat, und fragt Dario daher, ob er sich weiterhin mit diesem treffen möchte.
Andy	Er erfreut sich an der Sonne und ihren Strahlen. Eines der wenigen Worte, die er immer wieder sagt, ist „Onne“, was Sonne bedeuten soll.
Tankwart	Er erklärt Dario den Weg nach Torre Saracena und macht ihm deutlich, wie wenig manche Leute über Menschen mit Behinderung wissen und wie sie über diese denken.
Fabiola	Sie war die wichtigste Bezugsperson für Andy und verschwand aufgrund der Schließung des Zentrums für Behinderte aus seinem Leben.
Wachmann	Dario überzeugt ihn, dass Leo der Besitzer der Villa und Andy dessen Bruder ist. Er will einen Behinderten und seinen Auftraggeber nicht verärgern.
Andys Mutter (Anna)	Sie ist sehr fürsorglich und will das Beste für ihren behinderten Sohn. Sie ist nach der Rückkehr der beiden Jungen sehr wütend auf Dario und will ihn eigentlich anzeigen.

Figur	Aussage
Nic	Er geht keiner geregelten Tätigkeit nach, trinkt schon morgens Bier und kifft. Von ihm stammt auch das Zitat: „Denk nicht nach, Dario, Gedanken machen nur den Kopf schwer."
Sam	Sie ist Tiffanys Freundin und macht Andy in der Villa ein Kompliment, das dieser auch versteht.
Rak	Er hilft Dario, den unterkühlten Andy zu versorgen.
Pfarrer Don Claudio	Er geriet durch Darios Knallerbsen im Weihrauchgefäß in Panik, sprang wie ein aufgescheuchtes Huhn umher und warf die Kerzenhalter um.
Andy	Im Laufe der Reise mit Dario spricht er immer mehr erkennbare Worte und kann sich besser bewegen. Er greift z. B. selbst nach einem Glas.
Darios Mutter	Sie wurde vor 9 Jahren von ihrem Mann verlassen und ist seither alleinerziehend.
Tiffany	Sie feiert eine Geburtstagsparty in der Villa ihrer Eltern. Sie bewundert Dario dafür, dass er sich um den behinderten Andy kümmert, zeigt Interesse an Dario und möchte die Nacht mit ihm verbringen.
Dario	Er leidet seit 9 Jahren darunter, dass sein Vater ihn und seine Mutter verlassen hat. Er fürchtet, dass er nicht gut genug für seinen Vater war.
Barbesitzer	Er erkundigt sich nach Darios und Andys Ziel der Reise. Er gibt Dario die Auskunft, dass die gesuchten Personen wohl „am Park" wohnen.
Frau Delfrati	Sie nennt Dario „Niete" und erniedrigt ihn vor der Klasse. Ihre Äußerung ist der Anlass für Darios Ausraster, der ihm die Sozialstunden einbringt.
Fabiola Beretta	Sie ist die reale Betreuerin (Namensgeberin für die Romanfigur) von Andrea gewesen und war für seine großen Fortschritte verantwortlich.
Dario	Er flüchtet vor den Problemen des Alltags, indem er Joints raucht, erkennt aber am Ende, dass er das nicht mehr nötig hat.

Figur	Aussage
Nic	Er erinnert sich nicht daran, vor wie vielen Jahren er seine Familie verlassen hat, und erklärt immer wieder stolz, wie toll seine Flora sei.
Nic	Sein Sohn erinnert sich daran, dass er nur einmal von ihm in den Arm genommen wurde, als er sein schlafendes Kind wegtragen musste.
Elisa	Sie ist in der Schule Andys Pflegerin, packt ihn in Watte und wird sowohl von Andy als auch Dario wegen ihres Dauerlächelns nicht gemocht.
Andy	Er wird im Roman fast nur bei seinem Spitznamen genannt und kann seine Augen als Ersatz für seine Hände, Sprache usw. nutzen.
Elisa	Sie spricht nicht direkt mit Andy. Sie sieht ihm nicht einmal in die Augen. Viele seiner Fähigkeiten werden von ihr gar nicht wahrgenommen.
Dario	Er ist enttäuscht von seinem Vater und distanziert sich schließlich von ihm und dessen Lebensweise.
Fabiola	Sie war in einem Zentrum für Behinderte Andys gut geschulte und engagierte Betreuerin.

Übung 17

1. a) *Leseauftrag*

   b) Frau Delfrati wirft Dario vor, dass er **jemanden beleidigt hat, der eindeutig schwächer ist als er.** Er hält dagegen, dass sie ihn ja auch ständig „**Niete**" nennt. Damit will er ihr zeigen, dass sie **das Gleiche auch macht, indem sie als Lehrerin ihn als Schüler auf diese Weise beleidigt.** Deswegen kann Dario nicht nachvollziehen, dass sich Frau Delfrati über die Bezeichnung „Halbidiot" so aufregt.

2. Mit dieser Äußerung wird deutlich, dass Dario Andy mittlerweile so gut kennt, dass er ihn versteht und seine Signale deuten kann. Es scheint, als ob eine echte Kommunikation möglich wäre. Zusätzlich wird klar, dass Andy doch viel mehr von seiner Umgebung mitbekommt, als man bisher gedacht hat. Er wird für die Leser*innen zu einer eigenen Persönlichkeit.

3. a) *Leseauftrag*
   b) • Als Elisa Andy mit Dario allein lässt, nutzt Dario den Moment und bringt Andy ins Freie. Sie verlassen fluchtartig das Schulgelände und gelangen in einen **Park**. Andy ist begeistert und ruft zufrieden „**Onne**".
   • Zu seiner Entspannung raucht Dario **Gras**, wird dadurch aber **unsicher** und ihm dreht sich der Kopf.
   • Als Dario aufbrechen möchte, um in die Schule zurückzukehren, sieht er zwei **Polizisten** herannahen, die offenbar nach ihnen suchen. Dario denkt, dass er eine Sirene hört und flüchtet mit Andy wie aus einem **Reflex** heraus in Richtung Hauptbahnhof.
   • Durch einen **Zufall** landen die beiden mithilfe von Passanten in einem abfahrenden **Zug**.

4. a) *Leseauftrag*
   b) • *Gekifft; am Strand eingeschlafen, ohne auf Andy zu achten; Andy kippt in den Sand*
   • *Andy ohne T-Shirt,* ausgekühlt, nicht wieder aufzuwärmen
   • Nicht auf Andy geachtet, hätte zur Toilette gemusst, in die Hose gemacht
   c) • Dario hat gekifft und deshalb die Zeit vergessen bzw. verschlafen, ohne auf Andy zu achten (vgl. Kapitel 10). Andy ist beim Sitzen im Sand umgekippt und sein Gesicht liegt nun im Sand.
   • Andy lag längere Zeit ohne T-Shirt im Sand und ist so stark ausgekühlt, dass es Dario nicht gelingt, ihn wieder aufzuwärmen.
   • Dario hat nicht gemerkt, dass Andy auf die Toilette gemusst hätte und sich mittlerweile in die Hose gemacht hat.

5. *Dario bezeichnet sich selbst als Blödmann, weil er mit Andy weggelaufen ist. Dies kommt in folgendem Zitat zum Ausdruck:*
   „Ich habe einen Idioten, der im Rollstuhl sitzt, entführt. […] Keine Ahnung. […] Deshalb bin ich ja ein Blödmann." (S. 39)

6. a) *So könnten deine Überlegungen lauten:*
   Mögliche Gründe **für** die gemeinsame Betreuung/Inklusion:
   • Eltern wollen für ihr Kind möglichst viel „Normalität".
   • Die Gesellschaft soll Menschen mit Behinderung nicht ausgrenzen oder „abschieben". Jeder Mensch hat die gleichen Rechte.

- Menschen ohne Behinderung lernen durch den Umgang mit Menschen mit Behinderung einen normalen Umgang mit ihnen. Dario hätte sich sonst sicher nicht mit Andy befasst.
- Andy lernt durch den Umgang mit Dario unheimlich viel dazu und macht viele Fortschritte.

Mögliche Gründe **gegen** die gemeinsame Betreuung/Inklusion:

- Im Roman wird Dario zum Umgang mit Andy gezwungen bzw. damit bestraft (schlechte Umsetzung von Inklusion).
- Elisa behandelt Andy nicht richtig, sie ist vermutlich nicht für den Umgang mit Menschen mit Behinderung geschult oder ausgebildet. Aber professionelle Inklusion erfordert gut ausgebildete Leute vor Ort.
- Andy erlebt die Zeit in der Schule nicht als positiv (schlechte Umsetzung von Inklusion).
- Andy erinnert sich immer wieder positiv an die Zeit in der Einrichtung für Menschen mit Behinderung zurück, denn dort wusste man, wie man ihn bestmöglich fördern kann und mit ihm umgehen muss.
- Fabiola war eine ausgebildete Fachkraft, der es gut gelungen ist, positiv mit Andy umzugehen.

b) *So könnte deine Begründung lauten:*
Meiner Meinung nach plädiert das Buch eher für die Betreuung in einer speziellen Einrichtung für Menschen mit Behinderung, da sich die Romanfigur Andy dort sehr wohl gefühlt hat. Er hat ausschließlich positive Erinnerungen an Fabiola, seine Betreuerin aus dem Zentrum für Behinderte, z. B. an den gemeinsamen Ausflug nach Bergamo oder die Art, wie sie mit ihm kommunizieren konnte (vgl. Kap. 18). Elisa, seine Betreuerin in der Schule, scheint hingegen nicht richtig ausgebildet worden zu sein, da sie ihm nicht auf Augenhöhe begegnet und seine Bedürfnisse nicht erkennt, z. B. dass ihm zu warm ist (vgl. Kap. 4).

7. a)

Fabiola …	Dario …
kümmert sich beruflich und engagiert um Andy. So entsteht eine langfristige Bindung.	kann über die Augen und durch Deutung von Gesten mit Andy kommunizieren.
kann sich über seine Augen mit Andy verständigen und so in gewisser Weise mit ihm sprechen.	behandelt Andy im Grunde auch nicht anders als einen nicht-behinderten Jungen und traut ihm viel zu.
macht Scherze und Rollenspiele mit Andy und tut so, als sei sie seine Freundin.	muss sich im Rahmen einer Strafe um Andy kümmern und wird so zu einer Bezugsperson.
geht professionell mit Andy, seiner Behinderung und seinen Bedürfnissen um.	macht Späße mit Andy und erkennt, dass auch er Humor und Einfühlungsvermögen hat.
packt ihn nicht in Watte, sondern fördert ihn, behandelt ihn also nicht wie einen „Behinderten“.	kümmert sich um Andys Bedürfnisse und ekelt sich nicht vor ihm, sondern wischt ihm z. B. die Spucke weg und wechselt seine Windeln.

b) *Sowohl Dario als auch Fabiola sind oder waren wichtige Bezugspersonen für Andy.* Beide haben keinerlei Berührungsängste. Andy kann mit beiden gut auf seine Art (mit den Augen) kommunizieren und fühlt sich bei ihnen geborgen. Dario und Fabiola begegnen ihm beide auf Augenhöhe und wollen ihn nicht in Watte packen. Sie ignorieren seine Bedürfnisse auch nicht.

8. a)
- *Er hat die Familie verlassen.*
- *Er hat sich nicht mehr bei seinem Sohn gemeldet.*
- Sein möglicher Aufenthaltsort ist nur durch eine Postkarte bekannt.

- Er hat ein merkwürdiges Männerbild: Männer/Jungen kennen keinen Schmerz und dürfen niemals weinen.
- Er findet Geschichten für Kinder unnötig und unsinnig und hat kein Einfühlungsvermögen.
- Er ist nicht sehr tiefgründig, denn er rät vom Nachdenken ab.

b) Der Eindruck, den man von Darios Vater gewinnt, wird zunehmend negativer. Er hat die Familie verlassen und sich offenbar seit 9 Jahren nicht mehr gemeldet. Nur eine Postkarte gibt einen Anhaltspunkt über seinen Aufenthaltsort. Darios Vater ist der Meinung, dass Männer, ja nicht einmal kleine Jungen, keinen Schmerz kennen und nicht weinen dürfen, diese also keine Schwäche zeigen sollen. In seinen Augen ist es auch überflüssig, dass man Kindern Geschichten vorliest. Geschichten, so sagt er, seien Unsinn. Er findet auch, dass man nicht unnötig viel nachdenken solle. Das hinterlässt alles in allem keinen guten Eindruck von ihm.

9. a) *individuelle Lösung*

b) *So könnte deine Stellungnahme lauten:*
Eine Freundschaft kann sich entwickeln, auch wenn die Menschen sehr unterschiedlich sind. Freundschaft hat viel mit Zuneigung, aber auch mit gemeinsamen Interessen, Erinnerungen, Gesprächsthemen, vielleicht auch einem ähnlichen Geschmack zu tun. Ein bester Freund ist jemand, dem man sich gerne anvertraut, den man um Rat fragt, den man anruft, wenn es einem schlecht geht, oder von dem man sich Hilfe und Zuspruch erhofft. Ich kann mir zwar vorstellen, dass sich Dario und Andy im Laufe der Zeit immer mehr mögen und sie die gemeinsame Zeit genießen und für den jeweils anderen so etwas wie Freundschaft empfinden. Aber dass sie beste Freunde sind oder werden, glaube ich nicht. Man sieht z. B. auch am Verhalten von Andys ehemaliger Betreuerin Fabiola, dass sie nach Beendigung des „beruflichen Verhältnisses“ keinen Kontakt mehr zu Andy gehalten hat, obwohl es sich Andys Erinnerungen zufolge auch in gewisser Weise wie Freundschaft angefühlt hat.

Übung 18

1. **Text 1:**
   a) Dass es sich um einen inneren Monolog handelt, erkennt man z. B. an den rhetorischen Fragen, die Dario an sich selbst stellt. Der Text klingt wie ein Selbstgespräch, eine Gedankenrede.
   b) Der Text ist aus Darios Sicht verfasst.
   c) Es handelt sich um Darios Gedanken und schöne Erinnerungen an seinen Vater, als er in San Vincenzo, dem ehemaligen Urlaubsort der Familie, ankommt. Der innere Monolog ist an der Textstelle verortet, an der Dario und Andy in San Vincenzo aus dem Zug steigen (Kapitel 9, S. 32/33).

   Text 2:
   a) An der Anrede erkennt man, dass es sich um einen Brief handelt. Daran wird auch deutlich, an wen Dario schreibt, nämlich an Andy (Adressat). Andy wird direkt angesprochen. Zudem wird zunächst der Anlass/Grund für das Schreiben genannt.
   b) Dario schreibt diesen Brief.
   c) Dario antwortet in einem Brief an Andy auf die Frage von dessen Vater, ob er sich auch weiterhin mit Andy treffen will. Der Brief ist nach der Textstelle verortet, an der Andy mit seinen Eltern zu Besuch bei Dario und dessen Mutter ist, also nach Kapitel 36 und damit auch nach dem eigentlichen Ende des Romans.

   Text 3:
   a) Es handelt sich um einen Dialog bzw. ein Gespräch zwischen Dario und seiner Mutter. Erkennbar ist das z. B. an den vorangestellten Namen mit dem Doppelpunkt und den Regieanweisungen.
   b) Dario unterhält sich mit seiner Mutter.
   c) Hier kommen Dario und seine Mutter zu Wort. Sie will ihn beruhigen und ihm Verständnis signalisieren, er ist wütend auf Elisa und ist der Meinung, dass er es besser machen würde. Dario ist nach dem Konflikt mit Elisa schlecht gelaunt und erzählt seiner Mutter, dass Andy für ihn kein Problem darstellt, dass er aber mit Elisas Art des Umgangs mit Andy nicht einverstanden ist. Diese Situation passt zu Kapitel 4 (S. 14–19), kommt dort aber nicht vor.

Text 4:

a) Es handelt sich hier um einen Tagebucheintrag, den Dario verfasst. Er lässt darin den Besuch von Andy und dessen Eltern Revue passieren. Er kommentiert rückblickend das Geschehene. Ein Tagebuch beginnt in den wenigsten Fällen tatsächlich mit „Liebes Tagebuch", denn auch andere Einstiege sind denkbar.

b) Dario verfasst diesen Tagebucheintrag.

c) Der Tagebucheintrag von Dario ist nach der Textstelle verortet, an der Andy mit seinen Eltern zu Besuch bei Dario und dessen Mutter ist, also nach Kapitel 36 und damit auch nach dem eigentlichen Ende des Romans.

2. *So könnte deine Umgestaltung in ein Gespräch weitergehen:*

MUTTER: *Mensch Dario, bist du etwa nervös? Das kenne ich gar nicht von dir. Sonst sind dir Besucher doch auch immer egal. Was ist denn los mit dir?*

DARIO: *Mir kommt es auch irgendwie merkwürdig vor, ja, vermutlich bin ich tatsächlich irgendwie nervös. Die kommen ja auch zu mir und nicht zu dir und ich werde Andy wiedersehen.*

MUTTER: Am Telefon haben Andys Eltern nichts darüber gesagt, aus welchem Grund sie genau kommen wollen. Weißt du mehr?

DARIO: Nein, das ist es ja gerade. Ich habe mich ja bisher noch nicht einmal bei ihnen entschuldigt, für all die Sorgen, die sie während unseres Trips hatten. An die Sorgen von Andys Eltern habe ich während der ganzen Zeit nicht gedacht ... Sie müssen mich hassen oder zumindest sehr wütend auf mich sein. Es hätte ja auch alles Mögliche passieren können.

MUTTER: Ich verstehe. Und vielleicht ist es auch besser, wenn sie nicht alles erfahren. Mach dir keine Sorgen, ich kann mir nicht vorstellen, dass es um eine Strafpredigt oder eine Entschuldigung geht, sonst wären sie doch wohl schon eher gekommen.

DARIO: Hoffentlich hast du recht. Ein bisschen hoffe ich ja, dass ihnen aufgefallen ist, welche großen Fortschritte Andy gemacht hat. Vielleicht konnte er ihnen sogar mitteilen, dass wir Spaß miteinander hatten? Ich hoffe nicht, dass jetzt das große Donnerwetter kommt.

Wahlteil B: Textgebundene dialektische Erörterung

Übung 19

1. a) ☒ Er hatte vor lauter Terminen keine echte Freizeit mehr, deshalb haben die Eltern entschieden, diese Aktivität wegzulassen.

   b) ☒ Sie wollen ihre Kinder möglichst gut und in vielen Bereichen fördern.

2. Sie haben am Wochenende zu viel Freizeitstress, sodass sie montags schon erschöpft in der Schule ankommen.

3. Langeweile wird positiv dargestellt, denn durch sie beschäftigen sich die Kinder mit sich und ihrer Umwelt und entwickeln Kreativität, Selbstbewusstsein und Stabilität (vgl. Z. 63–68).

Übung 20

1.

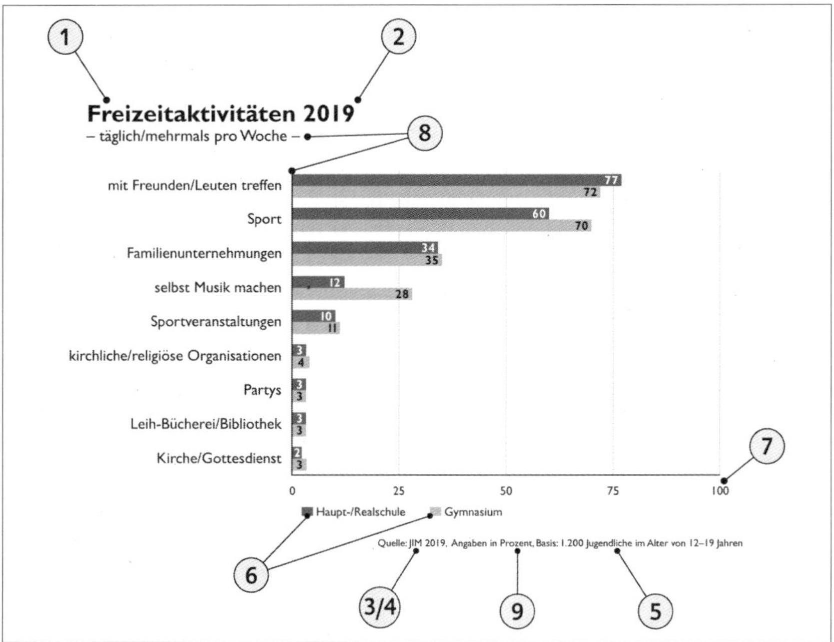

2. In dem Balkendiagramm, das aus dem Jahr 2019 stammt, werden Freizeitaktivitäten dargestellt, die Jugendliche zwischen 12 und 19 Jahren täglich oder mehrmals pro Woche ausüben. Dabei wird zwischen Schülerinnen und Schülern des Gymnasiums und der Haupt- und Realschule unterschieden.

3.

	richtig	falsch	nicht enthalten
Über die Hälfte der befragten Jugendlichen treibt täglich oder mehrmals pro Woche in ihrer Freizeit Sport.	☒	☐	☐
Familienunternehmungen stehen als Freizeitbeschäftigung an oberster Stelle.	☐	☒	☐
Gymnasiastinnen und Gymnasiasten musizieren in ihrer Freizeit häufiger als Haupt- und Realschüler*innen.	☒	☐	☐
Viele Schüler*innen haben in ihrer Freizeit Nachhilfe in mindestens einem Fach.	☐	☐	☒
Sich mit Freundinnen und Freunden zu treffen, ist für Jugendliche die wichtigste Freizeitaktivität.	☒	☐	☐
Das Diagramm ist der JIM-Studie 2018 entnommen.	☐	☒	☐
Die Befragten sind zwischen 12 und 19 Jahren alt.	☒	☐	☐

Übung 21

1. a) *Thema:* Freizeitaktivitäten
   Einschränkung(en): zahlreiche unterschiedliche; von Kindern und Jugendlichen
   b) *Aspekte der Erörterung:* Nutzen und Nachteile
   c) *Weitere Hinweise:* Textgrundlage: „Viel zu verplant“ und „Freizeitaktivitäten 2019“; Meinung zum Thema soll begründet werden

2. *individuelle Lösung*

Übung 22

1. a) persönliches Erlebnis
   b) aktuelle Entwicklung

2. *So könnten deine Aufhänger lauten:*
   - *Zitat:* „Nichtstun macht nur dann Spaß, wenn man eigentlich viel zu tun hätte.“ – So lautet ein bekanntes Zitat. Aber zum Nichtstun haben die Kinder und Jugendlichen heute vor lauter Freizeitstress gar keine Zeit mehr.
   - *Aktuelle Entwicklung:* Sportverein, Musikschule, Kunstkurse und Nachhilfe – Jugendliche üben heute oft sehr viele verschiedene Freizeitaktivitäten aus, damit sie möglichst vielfältig gefördert werden.

Übung 23

1.

Titel	Viel zu verplant
Verfasserin	Bettina Levecke
Textsorte	Internetartikel
Quelle	www.magazin-schule.de/magazin/freizeitstress-viel-zu-verplant
Erscheinungsdatum	12. 09. 2017
Thema	Freizeitstress von Kindern und Jugendlichen
Welche Problematik wird im Text genannt?	• Jugendliche haben zu viele Freizeitaktivitäten • Folge: Stress, gesundheitliche Probleme, schlechtere schulische Leistungen
Welche Schlussfolgerungen zieht die Verfasserin offenbar zum Thema?	besser nicht so viele Aktivitäten ausüben und zu großen Stress vermeiden
Was soll durch den Text erreicht werden?	• zum Nachdenken über das eigene Freizeitverhalten bzw. das der Kinder anregen • evtl. Appell, ebenso wie die Autorin etwas zu ändern

2.

Titel	Freizeitaktivitäten 2019
Textart	Balkendiagramm
Quelle	JIM 2019
Erscheinungsjahr	2019
Thema	Freizeitaktivitäten von Jugendlichen
Was wird in dem Diagramm dargestellt?	verschiedene Freizeitaktivitäten im Vergleich zwischen Gymnasiastinnen und Gymnasiasten und Schülerinnen und Schülern der Haupt-/ Realschule
Wie viele Jugendliche wurden befragt und in welchem Alter sind sie?	1 200 Befragte im Alter von 12 bis 19 Jahren
In welcher Form werden die Angaben gemacht?	in Prozent

Übung 24

1. *So könntest du die Themenfrage formuliert haben:*
   - *Frage:* Ist es sinnvoll, wenn Kinder und Jugendliche viele verschiedene Freizeitaktivitäten ausüben?
   - *Aussage:* Es stellt sich die Frage, ob viele verschiedene Freizeitaktivitäten für Kinder und Jugendliche sinnvoll sind.

2. *So könnte deine Einleitung formuliert sein:*
   Sportverein, Musikschule, Kunstkurse und Nachhilfe – Jugendliche üben heute oft sehr viele verschiedene Freizeitaktivitäten aus, damit sie möglichst vielfältig gefördert werden. Der Artikel „Viel zu verplant" von Bettina Levecke, der 2017 online im „Magazin Schule" erschienen ist, befasst sich damit, dass eine große Zahl an Freizeitaktivitäten bei Kindern und Jugendlichen von den Eltern zwar gut gemeint ist, sich aber auch negativ auswirken kann. Das Balkendiagramm „Freizeitaktivitäten 2019" aus der JIM-Studie 2019 zeigt, welche Aktivitäten Jugendliche regelmäßig ausüben. Es stellt sich nun die Frage, ob viele verschiedene Freizeitaktivitäten für Kinder und Jugendliche sinnvoll sind.

Übung 25

So könnten These und Antithese jeweils lauten:

- Pro: Zahlreiche Freizeitaktivitäten stellen einen Gewinn für Kinder und Jugendliche dar.
- Kontra: Zu viele Freizeitaktivitäten wirken sich insgesamt negativ auf Kinder und Jugendliche aus.

Übung 26

1.

	Zahlreiche Freizeitaktivitäten stellen einen Gewinn für Kinder und Jugendliche dar.	**Zu viele Freizeitaktivitäten wirken sich insgesamt negativ auf Kinder und Jugendliche aus.**
passende Inhalte aus dem Text	• *Die Kinder sollen „vielfältige Möglichkeiten zur Entwicklung“ (M 1, Z. 25) erhalten.* • Sie lernen beim Sport Teamgeist und Fairness und ihre Motorik und Gesundheit werden gefördert. • Musische Ausbildung fördert die Intelligenz. • Talente wie zeichnerische Begabung können weiterentwickelt werden.	• *Aufgrund der fehlenden Freizeit sind Kinder schon montagmorgens in der Schule erschöpft vom Wochenende.* • Die vielen Termine rufen Stress hervor (bei der ganzen Familie). • Kinder und Jugendliche sind durch den andauernden Druck, Leistung erbringen zu müssen, körperlich und geistig erschöpft, sodass sie sich in der Schule schlechter konzentrieren können. • Die Überforderung macht sie unruhig, reizbar, unaufmerksam und sensibel. • Sie werden insgesamt unruhiger. • Sie haben keine Zeit mehr, sich mit sich selbst zu beschäftigen und so Kreativität, Selbstbewusstsein und innere Stabilität zu entwickeln. Weniger Aktivitäten bedeuten also mehr Zeit für Beschäftigung mit sich selbst.

eigene Ideen für Argumente	• Kinder und Jugendliche lernen bei den verschiedenen Aktivitäten neue Freunde kennen. • Durch die Aktivitäten ist Kindern und Jugendlichen weniger langweilig, sie haben Beschäftigung.	• Wenn Kinder und Jugendliche zu viele verschiedene Hobbys ausüben, dann können sie sich auf keines richtig konzentrieren und machen alles nur oberflächlich.

2. *Folgende Erkenntnisse könntest du zusammengefasst haben:*
   - *Über 30 Prozent der Jugendlichen unternehmen mehrmals pro Woche etwas mit der Familie.*
   - Weit mehr als die Hälfte der Jugendlichen ist mehrmals pro Woche sportlich aktiv.
   - Über ein Viertel der Gymnasiastinnen und Gymnasiasten musiziert in ihrer Freizeit, bei den Schülerinnen und Schülern der Haupt- und Realschule sind es 12 Prozent.
   - Fast drei Viertel der befragten Jugendlichen trifft sich mehrmals die Woche mit Freundinnen und Freunden.

Übung 27

So könntest du die Argumente nummeriert haben:

1	Förderung in unterschiedlichen Bereichen durch verschiedene Freizeitaktivitäten	3	Zu große Anstrengung durch zu viele Aktivitäten
3	Weniger Langeweile aufgrund zahlreicher Freizeitbeschäftigungen	1	Positive Auswirkungen auf die Entwicklung durch Langeweile
2	Kennenlernen von mehr Freunden durch unterschiedliche Aktivitäten	2	Schlechtere schulische Leistungen durch Freizeitstress

✎ **Hinweis:** *Insbesondere bei den Argumenten, die gegen zu viele Freizeitaktivitäten sprechen, kann deine Nummerierung von diesem Lösungsvorschlag abweichen. Hier kannst du ganz individuell entscheiden, wie schwer die einzelnen Argumente für dich wiegen.*

Übung 28

individuelle Lösung

Übung 29

1. *So sollten deine Markierungen von Behauptung, Begründung und Beispiel/ Beleg jeweils aussehen:*

   a) Wenn Kinder und Jugendliche vielfältigere Freizeitbeschäftigungen haben, wird ihnen nicht so schnell langweilig, denn ihre Tage sind besser gefüllt. Wer mehrmals in der Woche einem Hobby nachgeht, der ist beschäftigt und muss nicht erst lange überlegen, was er tun soll.

   Meinung: Das Argument ist zwar formal richtig aufgebaut, doch ist es inhaltlich nicht sehr überzeugend. Es ist nicht schlimm, wenn man einmal länger überlegen muss, was man unternehmen kann, oder sich sogar einmal langweilt, was der Text „Viel zu verplant" auch bestätigt. Außerdem ist das Beispiel sehr allgemein formuliert und könnte noch anschaulicher sein, z. B. indem konkrete Hobbys genannt werden.

   b) Zu viele Aktivitäten sind für zahlreiche Kinder einfach zu anstrengend. Auch Simone Fleischmann, die Präsidentin des Bayerischen Lehrer- und Lehrerinnenverbandes erklärt: „Wenn Kinder ständig Leistung erbringen müssen, sind sie nicht nur körperlich, sondern auch geistig richtig kaputt" (M 1, Z. 44/45). Denn sie haben dadurch zu wenig Erholung. Das merken viele Lehrer*innen zum Beispiel daran, dass Schüler*innen montags ganz erschöpft in die Schule kommen, weil sie am Wochenende zu viel Programm hatten (vgl. M 1, Z. 39–41).

   Meinung: Das Argument ist richtig aufgebaut und auch inhaltlich überzeugend, weil Begründung und Beispiel sinnvoll durch die Aussagen einer Expertin untermauert werden.

2. a)

		Behauptung	Begründung	Beispiel/Beleg
1	Freizeitaktivitäten im sportlichen Bereich haben mehrere positive Auswirkungen auf Kinder und Jugendliche, da sie neben der Gesundheit auch andere Bereiche fördern. *	☒	☒	☐
2	Musische Aktivitäten sind mehr als nur ein Hobby *. So werden beim Musizieren in der Freizeit auch günstige Voraussetzungen für das Lernen und den schulischen Erfolg geschaffen.	☒	☐	☒
3	* Denn in „der Beschäftigung mit sich selbst und der Welt entwickeln sich Kreativität, Selbstbewusstsein und innere Stabilität“ (M 1, Z. 67/68). So findet ein Kind, das nicht ständig mit Freizeitangeboten beschäftigt ist, eigene Wege, sich die Zeit zu vertreiben, indem es beispielsweise etwas baut, zeichnet oder sich ein eigenes Spiel ausdenkt.	☐	☒	☒

b) *So könnten deine Ergänzungen aussehen (Markierungen mit Stern siehe Aufgabe a):*

1 So werden zum Beispiel beim Mannschaftssport Fairness und Teamgeist gelernt und die „ausgiebige Bewegung fördert […] Motorik und Gesundheit“ (M 1, Z. 27/28).

2 , da sie die Intelligenz fördern (vgl. M 1, Z. 28/29).

3 Die oftmals als negativ betrachtete Langeweile, das Nichtstun, ist wertvoll für die Entwicklung von Kindern und Jugendlichen.

c) ☒ Argument 2

3. *Freizeitaktivitäten im sportlichen Bereich haben mehrere positive Auswirkungen auf Kinder und Jugendliche, da sie neben der Gesundheit auch andere Bereiche fördern.* So werden zum Beispiel beim Mannschaftssport Fairness und Teamgeist gelernt und die „ausgiebige Bewegung fördert [. . .] Motorik und Gesundheit" (M 1, Z. 27/28). Vielleicht sind sportliche Aktivitäten auch deshalb bei den Jugendlichen besonders beliebt. So sind es insgesamt über 60 Prozent, die täglich oder mehrmals wöchentlich Sport treiben (vgl. M 2).

4. *So könnten die Argumente formuliert sein:*

   a) Der Freizeitstress durch die vielen Termine kann zu schlechteren schulischen Leistungen führen, weil die Schüler*innen laut Simone Fleischmann wegen der Überforderung unter anderem unaufmerksam und unruhig sind (vgl. M 1, Z. 48–50). Ein Kind, das überanstrengt und müde ist, weil es am Wochenende z. B. neben einem Fußballspiel und einem Chorauftritt auch noch bei einer Geburtstagsfeier war, bekommt den vermittelten Stoff nur zum Teil mit und kann diesen daher auch nicht in Leistungsüberprüfungen abrufen.

   b) Kinder und Jugendliche lernen mehr Freunde kennen, wenn sie verschiedenen Aktivitäten nachgehen, denn sie haben dadurch unterschiedliche Kontakte. So treffen sie beispielsweise beim Handball ihre Mannschaftskolleginnen und -kollegen und beim Chor wiederum andere Kinder und Jugendliche.

Übung 30

1. *So sollten deine Markierungen von Zusammenfassung/Fazit, eigene Position, Appell und Ausblick jeweils aussehen:*
   Zusammenfassend lässt sich also feststellen, dass es zwar nachvollziehbare Argumente für ein Handyverbot an Schulen gibt, z. B. die sinkende Gefahr von Cybermobbing, aber die Gegenargumente doch deutlich überzeugender sind. Vor allem der Punkt, dass es sinnvoller ist, Kindern und Jugendlichen einen verantwortungsvollen Umgang mit dem Handy und dem Internet beizubringen, statt diesen pauschal zu verbieten, wiegt schwer. Meiner Meinung nach gehört das Smartphone heute zum Leben einfach dazu und darf daher auch nicht in der Schule verboten werden. Es macht das Leben schließlich in so vielen Bereichen einfacher. Politiker*innen und

Lehrer*innen sollten lieber mit den Schülerinnen und Schülern darüber sprechen, wie Smartphones auch den Unterricht vereinfachen und bereichern können, anstatt untereinander über ein Verbot zu diskutieren. Wenn man die Schüler*innen in die Diskussion mit einbezieht, dann lernen nicht nur die Kinder und Jugendlichen etwas dabei, sondern sicher auch die Erwachsenen.

2. *So könnte dein Schluss formuliert sein:*
   Es gibt zwar durchaus Argumente für vielfältige Freizeitaktivitäten von Kindern und Jugendlichen, allen voran natürlich die Förderung von Teamgeist, Intelligenz und Gesundheit. Allerdings überzeugen die Argumente gegen diese Art von Freizeitstress doch deutlich, denn die Erschöpfung, die schlechteren schulischen Leistungen oder die fehlende Entwicklung von Kreativität und Selbstbewusstsein fallen stark ins Gewicht. Meiner Meinung nach ist es wichtig, Freizeitaktivitäten zu haben, jedoch nicht im Übermaß. Man sollte auch noch genug Raum für die eigene Kreativität und Erholung lassen. Eltern sollten daher unbedingt darauf achten, wie es ihrem Kind geht und auch mit ihm darüber sprechen. Wenn man die Kinder in die Planungen mit einbezieht und wenn sie nicht unter Druck geraten, dann werden die Freizeitbeschäftigungen auf jeden Fall ein Zugewinn sein.

Übung 31

individuelle Bewertung des Aufsatzes; siehe auch Lösungsvorschläge zu Teil B

Wahlteil B: Textbeschreibung Lyrik

Übung 32

1.

3	Der Mann mustert die Gesichter der Menschen, schaut dann aber wieder weg.
2	Der Mann erblickt in einem Spiegel andere Menschen.
5	Der Mann steht vom Tisch auf und beginnt, vor den Fremden seinen Hut zu ziehen.
1	Ein Mann sitzt in Berlin an einem kleinen Tisch.
4	Der Mann streicht das Tischtuch glatt, schaut in sein Glas und fühlt sich einsam.

2. a) Der Mann kennt in Berlin niemanden und fühlt sich einsam.
   b) In der letzten Strophe wird der Mann aktiv: Er zieht den Hut, das bedeutet, er grüßt die Menschen in seiner Umgebung und stellt sich vor. Er will Bekanntschaften schließen, um nicht mehr allein zu sein.
   c) Der Wendepunkt befindet sich in der letzten Strophe, denn hier überwindet der Mann seine Passivität und geht einfach auf seine Mitmenschen zu, um Bekanntschaften zu schließen.

Übung 33

1. In der Aufgabenstellung werden die Aspekte Form, Metrum, Ort und Zeit und Figuren genannt.
2. Die Inhaltsangabe (Einleitung) und der Schluss (Stellungnahme, Transfer, Autorenintention) müssen ebenfalls in den Aufsatz aufgenommen werden. Auch die Beschreibung der Form des Gedichts ist so wesentlich, dass sie Teil des Aufsatzes sein sollte, selbst wenn sie nicht extra genannt worden wäre.

Übung 34

1.

Formulierung	Beispiel
In dem Gedicht (Titel), das von (Autor*in) verfasst wurde, wird (Thema) dargestellt. Das Gedicht stammt aus (vollständige Quellenangabe).	*In dem Gedicht „Sozusagen in der Fremde", das von Erich Kästner verfasst wurde, wird* die Einsamkeit in der Großstadt *dargestellt und aufgezeigt, wie man diese überwinden kann. Das Gedicht stammt aus* dem Buch „Gesang zwischen den Stühlen", das 1983 in Zürich im Atrium Verlag erschienen ist. Die Erstveröffentlichung war 1932.
In dem Gedicht (Titel) von (Autor*in) geht es um (Thema). Abgedruckt wurde das Gedicht (vollständige Quellenangabe).	*In dem Gedicht „Sozusagen in der Fremde" von Erich Kästner* geht es um die Einsamkeit in der Großstadt und darum, wie man diese überwinden kann. Abgedruckt wurde das Gedicht im Buch „Gesang zwischen den Stühlen", das 1983 in Zürich im Atrium Verlag erschienen ist. Die Erstveröffentlichung war 1932.
In dem Gedicht (Titel) von (Autor*in), das (vollständige Quellenangabe) erschienen ist, wird (Thema) beschrieben.	In dem Gedicht „Sozusagen in der Fremde" von Erich Kästner, das 1983 im Buch „Gesang zwischen den Stühlen" im Atrium Verlag in Zürich erschienen ist (Erstveröffentlichung 1932), wird die Einsamkeit in der Großstadt beschrieben und aufgezeigt, wie man diese überwinden kann.

2. Ein Mann sitzt in Berlin in einem Lokal allein an einem Tisch. Obwohl viele Menschen um ihn herum sind, fühlt er sich einsam, beschließt letztlich, diese Einsamkeit zu überwinden und stellt sich den anderen Gästen vor.

Hinweis: *In der Inhaltsangabe, die nur als Einleitung dient, wird auf zu genaue Informationen, wie z. B. das Wegschauen, den Spiegel oder das Glattstreichen des Tischtuchs, verzichtet. Der Ort des Geschehens ist aufgrund der Hinweise im Gedicht vermutlich ein Café, das neutralere Wort „Lokal" passt daher ganz sicher.*

Übung 35

1. Das Gedicht besteht aus fünf Strophen mit jeweils fünf Versen.
2. In „Sozusagen in der Fremde“ lässt sich folgendes Reimschema erkennen: abaab. Dieses erinnert an einen Kreuzreim (abab) mit einem zusätzlich eingeschobenen Vers.
3. In der ersten Strophe findet sich ein unreiner Reim: Die Wörter „Tisch“ und „Plüsch“ klingen nur annähernd gleich.
4. Das Gedicht „Sozusagen in der Fremde“ besteht aus fünf Strophen mit jeweils fünf Versen. Ein durchgängiges Reimschema ist erkennbar: abaab. Dieses erinnert an einen Kreuzreim mit einem zusätzlich eingeschobenen Vers. In der ersten Strophe findet sich als Besonderheit ein unreiner Reim, da die Wörter „Tisch“ und „Plüsch“ nur annähernd gleich klingen.

Übung 36

1. a) *Der Abend wiegte schon die Erde,* xXxXxXxXx
Und an den Bergen hing die Nacht; xXxXxXxX
Metrum: Jambus

b) *Heute hier, morgen dort,* xxXxxX
bin kaum da, muss ich fort, xxXxxX
hab mich niemals deswegen beklagt. xxXxxXxxX
Metrum: Anapäst

c) *Seht! wie die Tage sich sonnig verklären!* XxxXxxXxxXx
Blau ist der Himmel und grünend das Land. XxxXxxXxxX
Klag' ist ein Misston im Chore der Sphären! XxxXxxXxxXx
Trägt denn die Schöpfung ein Trauergewand? XxxXxxXxxX
Metrum: Daktylus

d) *Grausame, gräuliche,* XxxXxx
Fürchtlich-abscheuliche XxxXxx
Diebische Nacht, XxxX
Welche den mutigen, XxxXxx
Menschenmord-blutigen, XxxXxx
Mörder- und Räubern, XxxXx

Hexen und Zaubern,	XxxXx
Sicherheit macht	XxxX
Metrum: Daktylus	

e)	*Hat der alte Hexenmeister*	XxXxXxXx
	Sich doch einmal wegbegeben!	XxXxXxXx
	Und nun sollen seine Geister	XxXxXxXx
	Auch nach meinem Willen Leben!	XxXxXxXx
	Metrum: Trochäus	

2.	*Er saß in der großen Stadt Berlin*	xXxxXxXxX
	an einem kleinen Tisch.	xXxXxX
	Die Stadt war groß, auch ohne ihn.	xXxXxXxX
	Er war nicht nötig, wie es schien.	xXxXxXxX
	Und rund um ihn war Plüsch.	xXxXxX
	Die Leute saßen zum Greifen nah,	xXxXxxXxX
	und er war doch allein.	xXxXxX
	Und in dem Spiegel, in den er sah,	xXxXxxXxX
	saßen sie alle noch einmal da,	XxxXxxXxX
	als müsse das so sein.	xXxXxX
	Der Saal war blaß vor lauter Licht.	xXxXxXxX
	Es roch nach Parfüm und Gebäck.	xXxxXxxX
	Er blickte ernst von Gesicht zu Gesicht.	xXxXxxXxxX
	Was er da sah, gefiel ihm nicht.	xXxXxXxX
	Er schaute traurig weg.	xXxXxX
	Er strich das weiße Tischtuch glatt	xXxXxXxX
	und blickte in das Glas.	xXxXxX
	Fast hatte er das Leben satt.	xXxXxXxX
	Was wollte er in dieser Stadt,	xXxXxXxX
	in der er einsam saß?	xXxXxX
	Da stand er, in der Stadt Berlin,	xXxXxXxX
	auf von dem kleinen Tisch.	xXxXxX
	Keiner der Menschen kannte ihn.	XxxXxXxX
	Da fing er an, den Hut zu ziehn!	xXxXxXxX
	Not macht erfinderisch.	XXxXxX

Quelle: Erich Kästner: Sozusagen in der Fremde. In: Gesang zwischen den Stühlen. (Kästner für Erwachsene, Ausgewählte Schriften, Bd. 1), Zürich: Atrium Verlag 1983. (Erstveröffentlichung 1932)

3. Es ist kein ganz durchgängiges Metrum erkennbar, jedoch überwiegt deutlich der Jambus, da nahezu alle Verse mit einer unbetonten Silbe beginnen und meist ein regelmäßiger Wechsel von betonter und unbetonter Silbe vorliegt. In einigen Versen werden weitere unbetonte Silben eingefügt, z. B. in Strophe 1, Vers 1 oder Strophe 2, Verse 1, 3 und 4. Nur im letzten Vers, in dem auch die „Moral" des Gedichtes zu finden ist, beginnt der Vers mit einer betonten Silbe.

Übung 37

1. Es geht um einen Mann, der einsam ist und schließlich versucht, jemanden kennenzulernen.

2.

Fragen	Stichpunkte
Welche Eckdaten erfährt man über die Hauptfigur? (Steckbrief: Geschlecht, Alter, Aussehen, Wohnort ...)	• Geschlecht: männlich • vermutlicher Wohnort: Berlin • weitere Eckdaten sind unbekannt
In welcher Beziehung steht die Hauptfigur zu den anderen Menschen? (Beziehung)	keine Beziehung zu anderen Menschen; alle sind ihm fremd
Wie entwickelt sich die Hauptfigur im Laufe des Gedichts? (Entwicklung)	• anfangs fühlt er sich fremd und einsam, weshalb er traurig ist • am Ende scheint er voller Tatendrang, um aus seiner Notlage (der Einsamkeit) herauszukommen
Warum handelt die Figur am Ende des Gedichts? (Handlungsmotiv)	er möchte seine Situation ändern und nicht mehr einsam sein

3. Die Hauptfigur und auch die einzige explizit erwähnte Figur ist der Mann, der zunächst einsam ist und schließlich versucht, Leute kennenzulernen. Er wohnt möglicherweise in Berlin, da er dort Anschluss sucht (vgl. V. 1). Über Äußerlichkeiten oder die Lebenssituation des Mannes erfährt man nichts. Es ist aber anzunehmen, dass er mittleren Alters ist, da er sich traut, den ersten Schritt zu machen und nicht eingeschüchtert ist. Außerdem be-

sucht er allein ein Lokal, was wahrscheinlich nur wenige sehr junge Menschen tun würden. Die anderen Menschen in dem Lokal sind ihm fremd und er fühlt sich anfangs „einsam“ (V. 20) und ist deprimiert, denn „[f]ast hatte er das Leben satt“ (V. 18). Am Ende scheint er jedoch voller Tatendrang zu sein, um sich aus seiner „Not“ (V. 25) zu befreien. Er wird aktiv, indem er anfängt, „den Hut zu ziehn“ (V. 24), und somit auf die fremden Menschen zugeht und sie mit der früher üblichen Geste des Hutziehens begrüßt. Auch ist er sehr „erfinderisch“ (V. 25), wie es in der letzten Strophe heißt. So scheint er im Grunde doch ein optimistischer und aktiver Mensch zu sein, der Probleme lösen will und nicht in Selbstmitleid versinkt.

Übung 38

1. ☒ Über die Hauptfigur wird in der 3. Person gesprochen.
   ☒ Der lyrische Sprecher beobachtet die Situation von außen, kennt aber auch die Gefühle des Mannes.

2. Durch die Perspektive von außen und die Beschreibung in der 3. Person wirkt es zum einen so, als sei der lyrische Sprecher selbst ein Fremder, der die Situation nur zufällig beobachtet. Da ihm aber auch das Innenleben des Mannes bekannt ist, wird andererseits wiederum eine gewisse Nähe erzeugt. Dadurch können sich die Leser*innen trotz einer gewissen Distanz in die Situation des Mannes hineinversetzen. Er ist damit nicht wirklich, sondern nur „sozusagen“ fremd.

Übung 39

1. Die Handlung spielt in Berlin, höchstwahrscheinlich in einem Café oder Restaurant, da die Hauptfigur „an einem kleinen Tisch“ (V. 2) mit „weiße[m] Tischtuch“ (V. 16) sitzt. Der Geruch nach Gebäck stammt evtl. von den Speisen im Lokal und das Parfüm von den Gästen (vgl. V. 12). Mit dem „Plüsch“ (V. 5) könnte der Stoffbezug einer Sitzbank, eines Sessels oder der darauf liegenden Kissen in einem Café gemeint sein.

2. Wahrscheinlich findet das Geschehen am Abend statt, da „Licht“ (V. 11) erwähnt wird. Dieses ist vermutlich eingeschaltet, weil es draußen dunkel ist.

Übung 40

1.

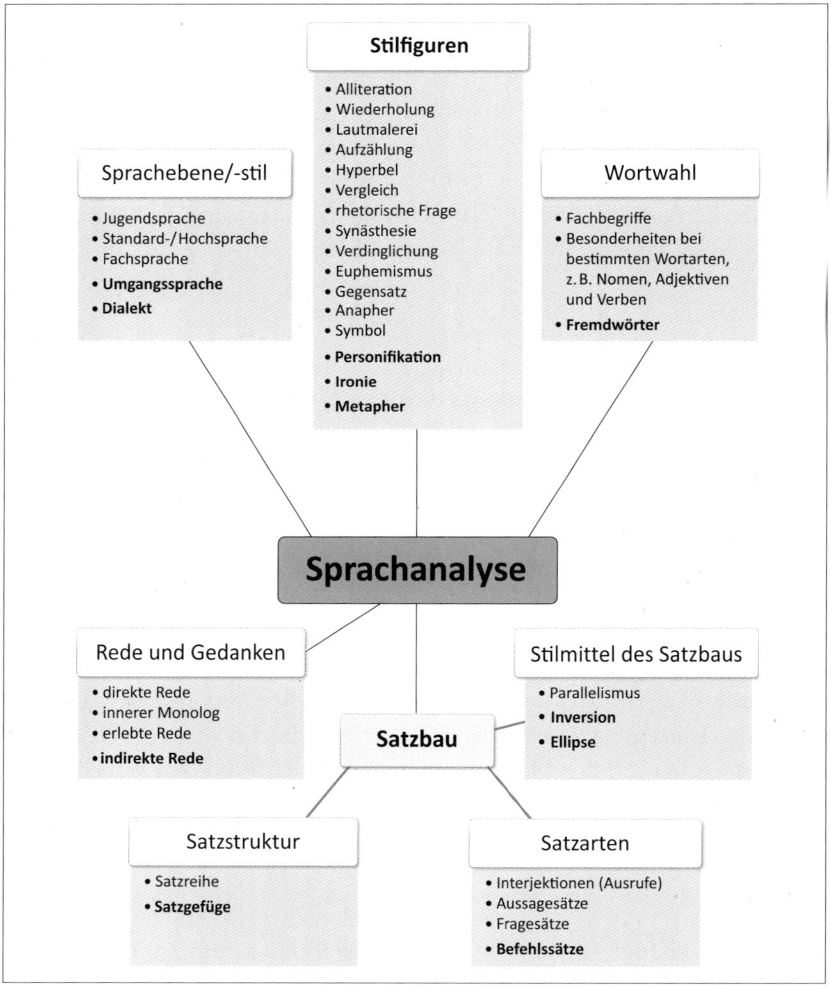

2.

Beispiel	**Stilmittel**
rot wie Blut	Vergleich
Kopf hoch!	Ellipse
kaltes Schweigen	Synästhesie
still und starr	Alliteration

stummer Schrei	Alliteration und Gegensatz
Er bringt mich auf die Palme.	Metapher
am Fuß des Berges	Metapher
Der Tornado wütet.	Personifikation
Ich habe es dir tausendmal gesagt!	Hyperbel
Noch träumen Wald und Wiesen.	Personifikation & Alliteration
Wer glaubt das schon?	Rhetorische Frage
Er schaut nicht in die Felsenriffe, *Er schaut nur hinauf in die Höh'.*	Anapher

3.

Zitat	Stilfigur	Deutung/Wirkung
Und rund um ihn war Plüsch.	Rhetorische Frage	Durch die Umstellung des Satzes, bei dem „von dem kleinen Tisch" nach hinten verschoben wurde, werden sowohl die aktive Tätigkeit des Aufstehens als auch der kleine Tisch besonders hervorgehoben.
Was wollte er in dieser Stadt, / in der er einsam saß?	Inversion	Diese Frage ist nicht ernst gemeint, da sie keiner Antwort bedarf. Vielmehr soll sie ausdrücken, dass die Hauptfigur des Gedichts das Gefühl hat, sie habe in der Großstadt eigentlich nichts verloren und sollte möglicherweise die Stadt verlassen.
Da stand er, in der Stadt Berlin, / auf von dem kleinen Tisch.	Symbol	Das Wort „Plüsch" gehört eigentlich in den Bereich der Stoffe und Polster. Es bezeichnet etwas Weiches, Kuscheliges, das Geborgenheit vermittelt, wie etwa ein Plüschbär. Hier ist es sowohl eine Anspielung auf die gepolsterten Sitze des Cafés als auch ein Zeichen für die Gemütlichkeit und das Sich-Wohlfühlen – Gefühle also, welche die anderen Cafébesucher empfinden, nicht aber der Mann.

4. Bereits in der ersten Strophe wird das zentrale Thema des Gedichts deutlich: die Einsamkeit in der Großstadt. Der Gegensatz zwischen der „großen Stadt“ (V. 1) und dem „kleinen Tisch“ (V. 2), an dem der Mann sitzt, betont die Widersprüchlichkeit in der Tatsache, dass sich die Bewohner*innen einer Großstadt, die voller Menschen ist, häufig einsam fühlen. Das Wort „Plüsch“ (V. 5) am Ende der ersten Strophe ist symbolisch zu verstehen. Es gehört eigentlich in den Bereich der Stoffe und Polster und bezeichnet etwas Weiches, Kuscheliges, das Geborgenheit vermittelt, wie etwa ein Plüschbär. Hier ist es sowohl eine Anspielung auf die gepolsterten Sitze des Cafés als auch ein Zeichen für die Gemütlichkeit und das Sich-Wohlfühlen – Gefühle also, welche die anderen Cafébesucher empfinden, nicht aber der Mann.
   Als sich der Mann im Café umsieht, stimmt ihn alles, was er wahrnimmt, offenbar immer trauriger (vgl. V. 6–15). Dennoch scheint er noch nicht ganz aufgegeben zu haben, was die Inversion „Fast hatte er das Leben satt.“ (V. 18), bei der das Wort „[f]ast“ an den Anfang des Satzes gestellt und damit betont wird, verdeutlicht. Auch das Glattstreichen des Tischtuchs (vgl. V. 16) deutet darauf hin, da es nicht passiv, sondern eher energisch wirkt. Die trüben Gedanken lassen den Mann jedoch nicht los, denn er stellt sich die rhetorische Frage: „Was wollte er in dieser Stadt, / in der er einsam saß?“ (V. 19/20) Die Frage bedarf keiner Antwort. Vielmehr soll sie ausdrücken, dass die Hauptfigur des Gedichts das Gefühl hat, sie habe in der Großstadt eigentlich nichts verloren und sollte möglicherweise die Stadt verlassen.
   Der Mann beschließt in der letzten Strophe, etwas an seiner Lage zu ändern und zu handeln. Die Inversion „Da stand er, in der Stadt Berlin, / auf von dem kleinen Tisch.“ (V. 21/22) hebt durch die Umstellung des Satzes, bei der „von dem kleinen Tisch“ nach hinten verschoben wurde, sowohl die aktive Tätigkeit des Aufstehens als auch den Tisch besonders hervor. Der Mann steht von dem kleinen Tisch auf, an dem er zuvor allein gesessen ist, und beginnt, vor den noch unbekannten Menschen (vgl. V. 23) seinen „Hut zu ziehn!“ (V. 24), sich also vorzustellen. Dass diese Handlung von großer Bedeutung ist und einen Wendepunkt markiert, zeigt sich darin, dass der Aussagesatz nicht mit einem Punkt endet, wie es üblich wäre, sondern mit einem Ausrufezeichen.

Übung 41

1.

Sozusagen in der Fremde	Atmosphäre
Er saß in der großen Stadt Berlin an einem kleinen Tisch. Die Stadt war groß, auch ohne ihn. Er war nicht nötig, wie es schien. Und rund um ihn war Plüsch.	fühlt sich klein und unbedeutend
Die Leute saßen zum Greifen nah, und er war doch allein. Und in dem Spiegel, in den er sah, saßen sie alle noch einmal da, als müsse das so sein.	allein unter Menschen
Der Saal war blaß vor lauter Licht. Es roch nach Parfüm und Gebäck. Er blickte ernst von Gesicht zu Gesicht. Was er da sah, gefiel ihm nicht. Er schaute traurig weg.	ernst, traurig
Er strich das weiße Tischtuch glatt und blickte in das Glas. Fast hatte er das Leben satt. Was wollte er in dieser Stadt, in der er einsam saß?	des Lebens müde, verzweifelt
Da stand er, in der Stadt Berlin, auf von dem kleinen Tisch. Keiner der Menschen kannte ihn. Da fing er an, den Hut zu ziehn! Not macht erfinderisch.	voller Tatendrang, neue Zuversicht

Quelle: Erich Kästner: Sozusagen in der Fremde. In: Gesang zwischen den Stühlen. (Kästner für Erwachsene, Ausgewählte Schriften, Bd. 1), Zürich: Atrium Verlag 1983. (Erstveröffentlichung 1932)

2. Die Atmosphäre in „Sozusagen in der Fremde“ entspricht den Gefühlen der Hauptfigur und verändert sich mit diesen im Laufe des Gedichts. Zu Beginn ist sie gedrückt, da sich der Mann in der großen Stadt Berlin klein und unbedeutend fühlt. Er ist einsam, obwohl viele Menschen um ihn herum sind – sowohl in dem Café, in dem er gerade sitzt, als auch in der Stadt an sich (vgl. Strophe 2). In der dritten Strophe wirkt der Mann zunächst ernst und dann traurig. Die negativen Gefühle steigern sich in der

vierten Strophe sogar noch. Die Stimmung des Mannes und somit auch die im Gedicht ist auf dem Tiefpunkt: Der Mann scheint verzweifelt und des Lebens müde zu sein. Doch in der letzten Strophe schlägt die Stimmung überraschend zum Positiven um: Der Mann schöpft neue Zuversicht und beginnt, voller Tatendrang etwas an seiner Einsamkeit zu ändern, indem er sich den anderen Gästen im Café vorstellt. Auch wenn man nicht erfährt, ob der Mann damit Erfolg hat, endet das Gedicht voller Hoffnung.

Übung 42

- *Beim ersten Lesen des Titels ahnt man bereits, dass* es um ein Erlebnis in der Fremde geht.
- *Dies bestätigt sich* auch, wenn man das Gedicht gelesen hat.
- *Der Titel des Gedichts lenkt den Blick der Leser*innen also gleich* auf den zentralen Aspekt: das Fremdheitsgefühl und die Anonymität in einer Großstadt.

Übung 43

Erich Kästner lebte selbst in Berlin und kannte sich sicherlich mit dem Alltagsleben und dem Verhalten der Menschen in Restaurants oder Cafés aus. Typisch für Kästners Gedichte ist, dass sie sich mit alltäglichen Problemen ganz normaler Leute beschäftigen – so wie hier mit der Einsamkeit des Mannes in der fremden Stadt. Kästner vermittelt diese Inhalte oft auf humorvolle Art. So auch in diesem Gedicht: Der Mann zieht seinen Hut, macht das Beste aus seiner Situation und bringt die Leser*innen zum Schmunzeln.

Übung 44

1.

	Fragen	Stichpunkte
persönliche Stellungnahme	Was spricht dich am Gedicht an (inhaltlich, bezüglich Form, Stil usw.)?	*individuelle Lösung*
	Gibt es etwas, das dich irritiert oder nachdenklich stimmt?	*individuelle Lösung*

	Aus welchem Grund findest du das Gedicht gelungen (oder auch nicht)?	*individuelle Lösung*
Transfer	Hast du selbst schon etwas Vergleichbares erlebt oder beobachtet?	*individuelle Lösung*
	Kannst du die dargestellte Situation auf andere Lebensbereiche übertragen?	• Umzug aus beruflichen Gründen • Fremdheitsgefühl nach einem Schulwechsel • neu in einem Verein
	Wie würdest du dich in der Situation der Hauptfigur verhalten?	*individuelle Lösung*
	Inwiefern ist das Geschehen/ Thema heute noch aktuell?	• Großteil der deutschen Bevölkerung lebt heutzutage in Städten • Menschen sind heutzutage immer öfter dazu gezwungen, wegen einer Arbeitsstelle in eine andere Stadt zu ziehen, wo sie kaum jemanden kennen • das Thema der Einsamkeit und Fremdheit in Großstädten ist aktueller denn je
mögliche Absicht des Autors	Welches Problem/ Thema behandelt der Autor?	• die Bewohner*innen von Großstädten sind sich fremd • Großstädter*innen sind daher oft einsam
	Erkennt man die Einstellung des Autors zum Thema? Wenn ja, woran?	lediglich Vermutung möglich

	Welche Absicht könnte der Autor mit dem Gedicht verfolgen?	• will auf das Problem aufmerksam machen • möchte evtl. eigene Erfahrungen verarbeiten • will Menschen dazu animieren, etwas gegen die Fremdheit und Einsamkeit in Großstädten zu unternehmen

2. Erich Kästner beschreibt in seinem Gedicht die Einsamkeit der Menschen in der Großstadt, in der man viel anonymer lebt als auf dem Land. Er möchte daher vielleicht auf das Problem aufmerksam machen, dass sich die Bewohner*innen von Großstädten oft fremd sind und sie daher auch einsam sein können. Gleichzeitig will er möglicherweise dazu anregen, die Situation – ebenso wie der Mann im Gedicht – selbst in die Hand zu nehmen, auf andere zuzugehen und so die Einsamkeit zu überwinden. *(mögliche Absicht des Autors)*
   Das Gedicht ist auch heute noch aktuell, da z. B. viele Menschen aus beruflichen Gründen in eine ihnen noch fremde Stadt ziehen und dort sicherlich ähnliche Situationen erleben. Es kommt immer wieder vor, dass man nur von Fremden umgeben ist, zum Beispiel wenn man die Schule wechselt oder in einem Verein neu anfängt. Dann kennt man niemanden und fühlt sich einsam, obwohl viele Menschen um einen herum sind. *(Transfer)*
   Mich spricht das Gedicht vor allem deswegen an, weil die ganze Geschichte trotz des deprimierenden Anfangs positiv endet. Ich weiß allerdings nicht, ob ich in der Situation den Mut hätte, von mir aus den ersten Schritt zu machen. Der Ausgang des Gedichts macht mir aber Hoffnung auf positive Begegnungen, sollte ich einmal in eine ähnliche Situation kommen. *(persönliche Stellungnahme)*

Übung 45

individuelle Bewertung des Aufsatzes; siehe auch Lösungsvorschläge zu Teil B

Wahlteil B: Textbeschreibung Prosa

Übung 46

1. *individuelle Lösung*

2. a) Der Satz „Doch da kommt ihm ein Zweifel“ (Z. 4) bedeutet hier, dass …

   ☒ der Mann sich plötzlich nicht mehr ganz sicher ist.

   b) Der Teilsatz „vielleicht war die Eile nur vorgeschützt“ (Z. 6/7) bedeutet, dass …

   ☒ der Nachbar vielleicht nur so getan hat, als ob er es eilig gehabt hätte.

   c) Die Handlung dieser Kurzgeschichte …

   ☒ dauert nur wenige Minuten oder Momente.

   d) Der Abschnitt von Zeile 4 bis 14 …

   ☒ enthält die Gedanken des Mannes, der einen Hammer braucht.

   e) In den Zeilen 1 bis 3 und 15 bis 17 spricht …

   ☒ ein Er-Erzähler.

   f) Der Mann in der vorliegenden Geschichte …

   ☒ hält sich selbst für hilfsbereit, dem Nachbarn aber unterstellt er Unfreundlichkeit und Geiz.

   g) Am Ende der Geschichte schreit der Mann seinen Nachbarn an: „Behalten Sie sich Ihren Hammer, Sie Rüpel!“ (Z. 16/17) Er beschimpft ihn, weil …

   ☒ er sich in seine Unterstellungen so hineingesteigert hat, dass er sie für wahr hält, obwohl er den Nachbarn noch nicht einmal nach dem Hammer gefragt hat.

Übung 47

1. In der Aufgabenstellung werden die Aspekte Aufbau, Figuren/Figurenkonstellation, Erzählperspektive sowie Sprache und Stil genannt.

2. Die Inhaltsangabe (Einleitung) und der Schluss (Stellungnahme, Transfer, Autorenintention) müssen ebenfalls in den Aufsatz aufgenommen werden.

Übung 48

1.

Formulierung	Beispiel
In der Kurzgeschichte (Titel), die von (Autor*in) verfasst wurde, wird aufgezeigt (Thema). Der Text stammt aus (vollständige Quellenangabe).	*In der Kurzgeschichte „Die Geschichte mit dem Hammer", die von Paul Watzlawick verfasst wurde, wird aufgezeigt,* wie sich jemand in etwas hineinsteigert und wie dies zu einer Überreaktion führen kann. *Der Text stammt aus* Paul Watzlawicks Buch mit dem Titel „Anleitung zum Unglücklichsein", das 2005 in München im Piper Verlag erschienen ist. Die Erstveröffentlichung war bereits 1983.
In der Kurzgeschichte (Titel) von (Autor*in) geht es um (Thema). Abgedruckt wurde der Text (vollständige Quellenangabe).	*In der Kurzgeschichte „Die Geschichte mit dem Hammer" von Paul Watzlawick geht es um* eine unnötige Überreaktion, die entsteht, weil sich jemand in seine negativen Gedanken hineinsteigert. Abgedruckt wurde der Text in Paul Watzlawicks Buch „Anleitung zum Unglücklichsein", das 2005 in München im Piper Verlag erschienen ist. Die Erstveröffentlichung war bereits 1983.

2. *Folgende Formulierungen könntest du ausgewählt haben:*

- [x] Ein Mann benötigt zum Aufhängen eines Bildes einen Hammer, diesen will er sich von seinem Nachbarn ausleihen.
- [x] Doch bevor es dazu kommen kann, redet der Mann sich ein, dass der Nachbar etwas gegen ihn habe und ihm den Hammer verweigern werde.
- [x] Er stürmt schließlich voller Zorn zum ahnungslosen Nachbarn hinüber, schreit ihn an und beschimpft ihn, obwohl der Nachbar gar nichts gesagt oder getan hat.

3. Paul Watzlawicks Kurzgeschichte „Die Geschichte mit dem Hammer“ befasst sich mit einer Überreaktion, die durch das Hineinsteigern in negative Gedanken entsteht. Veröffentlicht wurde sie 2005 in Paul Watzlawicks Buch mit dem Titel „Anleitung zum Unglücklichsein“ in München im Piper Verlag. Die Erstveröffentlichung war 1983.
   Ein Mann benötigt zum Aufhängen eines Bildes einen Hammer, diesen will er sich von seinem Nachbarn ausleihen. Doch bevor es dazu kommen kann, redet der Mann sich ein, dass der Nachbar etwas gegen ihn habe und ihm den Hammer verweigern werde. Er stürmt schließlich voller Zorn zu dem ahnungslosen Nachbarn hinüber, schreit ihn an und beschimpft ihn, obwohl der Nachbar gar nichts gesagt oder getan hat.

Übung 49

1. *Folgende Sätze solltest du grün unterstrichen haben (äußere Handlung):*
   „Den Nagel hat er, nicht aber den Hammer. Der Nachbar hat einen.“ (Z. 1/2); „Und so stürmt er hinüber, läutet, der Nachbar öffnet, doch noch bevor er ‚guten Tag‘ sagen kann, schreit ihn unser Mann an: ‚Behalten Sie sich Ihren Hammer, Sie Rüpel!‘“ (Z. 15–17)
   Alles andere musst du rot unterstreichen (innere Handlung).

2. Der Text lässt sich in vier Sinnabschnitte gliedern: In Teil 1 (**Z. 1–4**) ist der Mann zunächst noch frei von Misstrauen, bis ihm erste Zweifel kommen. Teil 2 (**Z. 4–8**) zeigt einen ersten **Wendepunkt** im Geschehen und beschreibt die noch vagen Zweifel des Mannes. In Teil 3 (**Z. 8–14**) betont er seine eigene Hilfsbereitschaft und steigert sich immer mehr in seine Wut auf den Nachbarn hinein. Die Spannung ist hier besonders groß, da man als Leser*in bei den Worten „Jetzt reicht's mir wirklich“ (**Z. 14**) schon ahnt, dass der Mann nun eine unüberlegte und unangebrachte Handlung begehen wird. Der Mann hat sich so weit in sein grundloses **Misstrauen** hineingesteigert, dass es schließlich im vierten Abschnitt (**Z. 15–17**) zum Eklat mit dem Nachbarn und zum **Höhepunkt** kommt; hier wird der Mann aktiv und handelt. Mit der Beschimpfung des Nachbarn als „Rüpel“ (**Z. 17**) bricht die Handlung einfach ab, ohne dass man erfährt, wie der Nachbar auf diese verbale Attacke reagiert. Das Ende der Geschichte bleibt somit offen.

Übung 50

1.

Textsortenmerkmale	konkrete Erscheinung im Text
geringer Umfang (1– 6 Seiten)	Handlung beschränkt sich auf die Situation des Mannes, sich einen Hammer ausleihen zu wollen
ausschnitthafte Erzählung: unmittelbarer Anfang und offener Schluss	umfasst nur 17 Zeilen
Konzentration auf das Wesentliche (knapp und ohne Nebenhandlungen)	unmittelbarer Anfang: keine Vorstellung der handelnden Figuren; keine Angaben zu Alter, Namen, Aussehen offener Schluss: Ausgang unbekannt, z. B. Reaktion des Nachbarn
Thema: alltägliche, aber bedeutsame Situation (Konflikt)	kurze Sätze und Satzreihen: Z. 1/2, Z. 4–8 etc.
wenige und alltägliche Personen (keine Helden)	zwei alltägliche Personen ohne Besonderheiten: ein Mann und sein Nachbar
meist nur ein Handlungsort; erzählte Zeit: kurze Zeitspanne	zwei Wendepunkte: 1. erste Zweifel entstehen (vgl. Z. 4) 2. Der Mann handelt und stürmt zum Nachbarn (vgl. Z. 15–17) = Höhepunkt
Alltagssprache (kurze und einfache Sätze)	Alltagssituation („ein Bild aufhängen", Z. 1); ist aber bedeutsam, da sie für den Mann emotional aufwühlend ist (emotionaler Konflikt)
enthält einen Wendepunkt (= meist auch Höhepunkt)	Ort: Wohnung/Haus des Mannes, vor der Haustür des Nachbarn erzählte Zeit: wenige Minuten

2. Die „Geschichte mit dem Hammer" weist alle typischen Merkmale einer Kurzgeschichte auf. Zunächst ist der unmittelbare Einstieg zu nennen: Bis auf die Tatsache, dass der Mann ein Bild aufhängen möchte und dafür keinen Hammer hat, erhält man keinerlei Informationen, zum Beispiel über Handlungsort und -zeit, das Alter, die familiäre Situation oder das Bild des Mannes. Trotz der Absurdität der Vorurteile wird deutlich, dass es sich um eine alltägliche Situation mit alltäglichen Figuren handelt, wie es für eine Kurzgeschichte typisch ist. Die kurzen Sätze und Satzreihen verdeutlichen, dass es sich um Alltagssprache handelt – ebenfalls ein Kennzeichen der Kurzgeschichte. Außer den beiden Nachbarn sind keine weiteren Personen Teil der Handlung. Man kann davon ausgehen, dass die beiden in einem Mehrfamilienhaus wohnen, denn der dargestellte Weg zum Nachbarn (vgl. Z. 15–17) scheint sehr kurz zu sein. Das Auftauchen des Mannes an der Tür des Nachbarn stellt den Höhepunkt der Geschichte dar. Die Dauer des gesamten Geschehens beschränkt sich auf wenige Minuten. Diese Beschränkung von Ort, Zeit und Personenzahl entspricht, genauso wie der geringe Umfang von nur 17 Zeilen und der offene Schluss, den typischen Merkmalen einer Kurzgeschichte.

Übung 51

1. Hauptfigur (Protagonist): der Mann ohne Hammer; Nebenfigur: Nachbar
2.

Charaktereigenschaften	Textbelege mit Zitat und Zeilenangabe
hält sich selbst für hilfsbereit und freundlich	„Wenn jemand von mir ein Werkzeug borgen wollte, ich gäbe es ihm sofort." (Z. 8/9)
ist unfreundlich	„schreit ihn unser Mann an" (Z. 16)
neigt zu Aggressivität	„Und so stürmt er hinüber […]." (Z. 15), „[…] Sie Rüpel!" (Z. 17)
besitzt evtl. wenig Kontakt zu anderen Menschen und misst daher einem flüchtigen Gruß zu viel Bedeutung bei	„Gestern schon grüßte er mich nur so flüchtig […] er hat etwas gegen mich." (Z. 5–7)

zweifelt an seinem Selbstwert	„Doch da kommt ihm ein Zweifel" (Z. 4); „[...] und er hat etwas gegen mich. Und was?" (Z. 7)
ist anderen Menschen gegenüber misstrauisch und steigert sich in dieses Misstrauen hinein	„Aber vielleicht war die Eile nur vorgeschützt und er hat etwas gegen mich." (Z. 6/7); „Ich habe ihm nichts angetan; der bildet sich da etwas ein." (Z. 8)
fürchtet sich vor Zurückweisung	„Was, wenn der Nachbar mir den Hammer nicht leihen will?" (Z. 4/5)

3. Im Text tauchen nur zwei Personen auf: Der Mann ohne Hammer, der auch der Protagonist ist, sowie dessen Nachbar. Im Verlauf des Textes steigert sich die negative Einstellung des Mannes seinem Nachbarn gegenüber immer mehr: Während er zunächst noch entschlossen ist, sich den Hammer von seinem Nachbarn auszuborgen (vgl. Z. 2/3), kommt ihm plötzlich „ein Zweifel" (Z. 4): Er erinnert sich an eine Situation, in der ihn der Nachbar nur beiläufig grüßte (vgl. Z. 5/6), und fängt dann an, diese belanglose Szene in ihrer Bedeutung aufzubauschen, bis er schließlich zu dem Schluss kommt, der Nachbar müsse ihm feindlich gesinnt sein (vgl. Z. 7). Eine andere Erklärung – dass der Nachbar tatsächlich in Eile gewesen sein könnte – verwirft er dagegen sofort (vgl. Z. 6/7). Bereits an dieser Stelle wird deutlich, dass der Mann ohne Hammer offenbar an seinem Selbstwert zweifelt. Nun wendet sich der Mann gedanklich seinem eigenen Verhalten zu: Er selbst könnte niemals einem Mitmenschen eine Bitte abschlagen (vgl. Z. 8–11). Er hält sich also für hilfsbereit und freundlich, bedenkt aber gar nicht, dass sein momentanes Verhalten nicht dazu passt. Denn er lässt völlig außer Acht, dass er die Reaktion seines Nachbarn ja noch gar nicht erfahren hat und diesem Unrecht tut. Er rechnet nicht mit dessen Hilfsbereitschaft, fürchtet sich wohl auch vor Zurückweisung und erkennt nicht, dass er sich in sein Misstrauen hineinsteigert. Schließlich behauptet er sogar, dass der Nachbar derjenige sei, der sich etwas einbilde (vgl. Z. 12/13). Ab Z. 12 wird deutlich, dass sich sein Misstrauen endgültig in hasserfüllten Ärger verwandelt: Er unterstellt dem Nachbarn in Gedanken, dass dieser – allein durch den Besitz des Hammers – seine Macht ausnutzen wolle: „Und dann bildet er sich noch ein, ich sei auf ihn angewiesen." (Z. 12/13) Völlig gefangen in seinem vorgefertigten Bild vom bösen Nachbarn klingelt er an dessen Tür und beschimpft diesen sogar als „Rüpel"

(Z. 17). Dass der erschrockene Nachbar nicht im Geringsten weiß, wie ihm geschieht, entgeht dem Mann, der seine Vorstellungen mittlerweile für Realität hält. Es scheint ihn folglich auch nicht zu interessieren, was sein Nachbar empfindet. Die Eskalation des Vorurteils hat nun ihren Höhepunkt erreicht. Offenbar wird der Mann von ausgeprägten Selbstzweifeln geplagt und neigt zu einer gewissen Aggressivität, sonst würde er wohl nicht so extrem reagieren. Möglicherweise hat er zu wenig Kontakt zu seinen Mitmenschen und misst daher einem flüchtigen Gruß übermäßig viel Bedeutung bei.

4. a) ☒ Die Männer kennen sich nur flüchtig.
   ☒ Der Nachbar grüßt den Mann, wenn er ihn sieht.
   ☒ Der Mann war dem Nachbarn gegenüber bisher eher positiv eingestellt.

   b) Über das Verhältnis zwischen den beiden Figuren lassen sich lediglich Vermutungen anstellen. Denn über den Nachbarn weiß man nur, dass er den Mann einmal flüchtig gegrüßt hat (vgl. Z. 5/6). Als der Mann vor der Tür des Nachbarn steht, erfährt man aus dem Nebensatz „doch noch bevor er ‚guten Tag' sagen kann" (Z. 15/16), dass er wohl in gewohnt freundlicher Weise grüßen wollte und dass die Theorien des Mannes wahrscheinlich in keinster Weise zutreffen. Die beiden Männer scheinen sich nur flüchtig zu kennen und kein besonderes Verhältnis zueinander zu haben. Zu Beginn der Geschichte wirkt es sogar eher positiv, denn der Mann beschließt ja, sich bei diesem Nachbarn einen Hammer auszuleihen. Zukünftig wird das Verhältnis jedoch sicherlich durch das merkwürdige und unangebrachte Verhalten des Mannes getrübt sein.

Übung 52

1.

Der Erzähler hat eine eingeschränkte Perspektive und kann über andere Personen nur Vermutungen anstellen.	**P/I**
Erzählt wird in der 1. Person Singular.	**I**
Die Erzählperspektive ist auf die Perspektive einer Figur beschränkt. Diese ist an der Handlung beteiligt, ist also eine Figur der erzählten Handlung.	**P/I**
Der Erzähler beschreibt nur, wie die Figuren handeln.	**N**
Die Leser*innen betrachten die dargestellte Welt durch die Augen einer der handelnden Figuren. Dadurch wird der Eindruck der Unmittelbarkeit erweckt.	**P/I**
Die Leser*innen nehmen unmittelbar an Gedanken, Gefühlen, Handlungen des Erzählers Anteil.	**P/I**
Der Erzähler steht außerhalb des Textgeschehens, nimmt also nicht am Geschehen teil. Er kann jedoch die Handlung kommentieren.	**A**
Der Erzähler überschaut den gesamten Handlungsverlauf, kann vorausschauen und in Rückblenden erzählen.	**A**
Erzählt wird in der 3. Person („Er"- oder „Sie"-Erzählung).	**P/A/N**

2. *1. Abschnitt (Z. 1–4):* **auktorialer Erzähler** („Den Nagel hat er", Z. 1; „unser Mann", Z. 2; „kommt ihm ein Zweifel", Z. 4)
   2. Abschnitt (Z. 4–8): **Ich-Erzähler** („wenn der Nachbar mir […] nicht", Z. 4/5; „grüßte er mich", Z. 5)
   3. Abschnitt (Z. 8–14): **weiterhin Ich-Erzähler** („Wenn jemand von mir", Z. 8/9; „ich gäbe", Z. 9)
   4. Abschnitt (Z. 15–17): **Wechsel zum auktorialen Erzähler** („stürmt er hinüber", Z. 15; „noch bevor er ‚guten Tag' sagen kann", Z. 15/16; „schreit ihn unser Mann", Z. 16)

3. *individuelle Lösung*

4. Die Entwicklung der Gefühle des Mannes wird auch durch die Erzählperspektive deutlich. Im ersten Teil setzt der Autor einen allwissenden Erzähler ein, der auch die Leser*innen mit einbezieht, als er von „unser[em] Mann" (Z. 2) spricht. Doch bereits ab Zeile 4 wechselt die Erzählweise in einen inneren Monolog: Zahlreiche Fragen schießen dem Mann durch den Kopf, er greift eine vergangene Situation (das flüchtige Grüßen) in Gedanken noch einmal auf, analysiert sie äußerst einseitig und kommt so zu seiner sich immer mehr verhärtenden Einstellung. Der Mann führt quasi ein Selbstgespräch und steigert sich in seine Ansicht hinein, der Nachbar habe etwas gegen ihn. Ab Zeile 15 (auch deutlich gekennzeichnet durch den Gedankenstrich) wird die Erzählhaltung wieder die eines allwissenden Erzählers. Durch den Einsatz dieser wechselnden Erzählhaltung erreicht der Autor, dass die Leser*innen unmittelbar an den Gedanken des Mannes teilhaben und jenen inneren Prozess der Eskalation eines Vorurteils mitverfolgen können, der am Schluss zur verbalen Attacke führt. Der Wechsel der Erzählperspektive wirkt sich somit auch auf die Sicht und Einstellung der Leser*innen zu den Figuren der Kurzgeschichte aus: Dadurch, dass man die Gedanken des Mannes genau kennt, wird man einerseits unwillkürlich auf dessen Seite gezogen. Die Entwicklung seiner Einstellung und seines Verhaltens erscheint andererseits jedoch derart absurd, dass man sich zwangsläufig wieder von ihm distanziert.

Übung 53

1. a) Erzählte Zeit: ca. **2–5** Minuten
   b) Erzählzeit: ca. **1–2** Minuten
   c) Es handelt sich um ein eher **zeitdeckendes** Erzähltempo. Es wird eingesetzt, damit die Leser*innen **die rasante Entwicklung der Gefühle des Mannes in Echtzeit miterleben können**.

2. Man kann davon ausgehen, dass die beiden Figuren in einem Mehrfamilienhaus wohnen, denn der dargestellte Weg zum Nachbarn (vgl. Z. 15–17) scheint sehr kurz zu sein. So beschränkt sich auch die Dauer des gesamten Geschehens auf wenige Minuten, in denen sich der Mann grundlos in seine Vorurteile hineinsteigert.

Übung 54

So sollten deine Markierungen der Beschreibung (hier: graue Hinterlegung) und der Wirkung und Bedeutung (hier: ohne Markierung) aussehen:
Die sprachlichen Mittel verdeutlichen ebenfalls die für eine Kurzgeschichte typische Alltäglichkeit der Situation. Dabei fallen zunächst die zahlreichen, teilweise elliptischen Fragen auf, die sich der Mann stellt, z. B.: „Und warum er nicht?“ (Z. 9/10) Eigentlich müsste die Frage lauten: „Und warum will er mir nicht seinen Hammer leihen?“ Diese Unvollständigkeit wirkt natürlich und entspricht dem Charakter eines inneren Monologs. Die Fragen bewirken zudem, dass sich die Leser*innen in den Gedankengang des Mannes hineinversetzen können, fordern sie aber gleichzeitig auf, eigene Antworten auf diese Fragen zu geben und das verkrampfte und misstrauische Verhalten des Mannes als absurd zu entlarven. Das Auslassen von Satzteilen entspricht dem alltäglichen Sprachgebrauch und lässt die Formulierungen besonders realistisch wirken. Umgangssprachliche Ausdrücke wie „Kerl“ (Z. 12) oder „Jetzt reicht's mir wirklich“ (Z. 14) tragen dazu bei, das Geschehen wie eine Alltagssituation erscheinen zu lassen.
Auch durch die unpersönliche Bezeichnung „[e]in Mann“ (Z. 1) und durch den unmittelbaren Beginn der Geschichte wird deutlich, dass es sich hier nicht um einen Einzelfall handelt, sondern dass etwas beispielhaft vorgeführt werden soll: Überall dort, wo Menschen sich in ihrem Misstrauen vergraben und nicht mehr an die Freundlichkeit der anderen glauben, wo sie sich also von unbegründeten Vorurteilen leiten lassen, können gefährlich explosive Situationen entstehen.

Übung 55

1.

Fragen	Stichpunkte
Welche Assoziationen hattest du zum Titel?	*individuelle Lösung*
Ändert sich die Deutung des Titels?	Hammer spielt geringere Rolle als erwartet
Welche Besonderheiten hat der Titel?	müsste eigentlich „Die Geschichte ohne Hammer“ heißen

Welche Beziehung gibt es zwischen Titel und Inhalt?	• Fehlen des Hammers ist Auslöser für Verhalten des Mannes • Hammer ist nur Stellvertreter für alltäglichen Gegenstand

2. Der Titel lässt eigentlich darauf schließen, dass der Hammer eine größere Bedeutung in der Geschichte hat. Jedoch wäre es fast treffender, hier von der „Geschichte ohne Hammer“ zu sprechen, da schließlich das Fehlen desselben der Auslöser für das absurde Verhalten des Mannes ist. Dass es dabei nicht wirklich um den Hammer an sich geht, sondern dieser nur stellvertretend für einen völlig alltäglichen und eigentlich nicht besonders wichtigen Gegenstand oder generell für eine (Kommunikations-)Situation steht, wird erst nach dem Lesen des Textes klar. Die in der Geschichte dargestellte Situation hätte sich mit jedem beliebigen Gegenstand so abspielen können; dass es ein Hammer war, den sich der Mann leihen wollte, ist nur Zufall.

Übung 56

1. a)

Bezeichnungen für den Nachbarn	Emoticons
„der Nachbar“ (Z. 4)	
„der“ (Z. 8)	
„dieser Kerl“ (Z. 12)	
„Sie Rüpel“ (Z. 17)	

Quelle (Emoticons): © tigatelu – Fotolia.com

b) *Auch die sich im Verlauf der Kurzgeschichte stetig* verschlechternde *Stimmung des Mannes und seine Einstellung gegenüber dem Nachbarn wird durch die Sprache verdeutlicht. Zunächst bezeichnet er ihn noch als „Nachbar" (Z. 4),* dann mit dem schon etwas abfällig klingenden „der" (Z. 8), im weiteren Verlauf des inneren Monologs mit „dieser Kerl" (Z. 12), was nun schon deutlich seine Verärgerung zeigt, und schließlich mit einem Schimpfwort: „Sie Rüpel!" (Z. 17)

Übung 57

1.

Fragen	Stichpunkte
Kennt man die Entstehungszeit des Textes?	1983 erstmals erschienen
Wann spielt die Handlung des Textes?	unbestimmte Zeit; könnte genauso heute spielen
Sind die Lebensumstände oder die politische Gesinnung des Autors bekannt?	• Abschluss in Philosophie, Psychotherapie • forschte in den Bereichen Familientherapie und Kommunikationsprozesse
Welche Rückschlüsse lässt das auf die Deutung des Textes zu?	• zentrales Thema: Fehler in menschlicher Kommunikation • thematisiert auch psychologische Probleme (z. B. soziale Vereinsamung)

2. Paul Watzlawick greift hier besonders ein Problem vereinsamter Menschen auf. In ihrer Isolation entwickeln manche von ihnen eine verbitterte Einstellung anderen Menschen gegenüber, die beispielsweise durch einen unabsichtlich flüchtigen Gruß bestätigt und dann noch weiter verstärkt werden kann. Das Problem liegt in der mangelnden Kommunikation zwischen den Menschen, die aber nur durch den stetigen Austausch und den Abbau von Misstrauen und Vorurteilen ermöglicht bzw. verbessert werden kann. Doch durch ihre ablehnende Haltung anderen gegenüber machen es sich solche Menschen selbst noch schwerer, auf andere zuzugehen oder sich ihnen zu öffnen. In der Geschichte wird überzeugend dargestellt, wie leicht es passiert, dass man sich in Dinge hineinsteigert, ohne Belege für diese negative Ansicht zu haben.

Übung 58

1.

	Fragen	Stichpunkte
persönliche Stellungnahme	Was spricht dich am Text an (inhaltlich, bezüglich Form, Stil usw.)?	*individuelle Lösung*
	Gibt es etwas, das dich irritiert oder nachdenklich stimmt?	*individuelle Lösung*
	Aus welchem Grund findest du den Text/die Umsetzung des Themas gelungen (oder auch nicht)?	*individuelle Lösung*
Transfer	Hast du selbst schon etwas Vergleichbares erlebt oder beobachtet?	*individuelle Lösung*
	Kannst du die dargestellte Situation auf andere Lebensbereiche übertragen?	man glaubt z. B., jemand könne einen nicht leiden, z. B. eine Lehrerin oder ein Lehrer, weil man sich ungerecht behandelt fühlt und steigert sich in die Abneigung hinein
	Wie würdest du dich in der Situation der Hauptfigur verhalten?	*individuelle Lösung*
	Inwiefern ist das Geschehen/Thema heute noch aktuell?	Situationen, in denen man das Schlimmste annimmt, ohne etwas Konkretes zu wissen, kann es immer geben

mögliche Absicht des Autors	Welches Thema/Problem hat der Autor beispielhaft aufgegriffen?	eine unnötige Überreaktion, die entsteht, weil sich jemand in seine negativen Gedanken hineinsteigert
	Welche Einstellung hat der Autor zum Thema? Woran ist das erkennbar?	kritisiert das Verhalten des Mannes, siehe Titel des Buches, in dem die Geschichte erschienen ist
	Welche Absicht könnte der Autor mit dem Text verfolgen?	• möchte auf Kommunikationsfehler hinweisen • Buch heißt: „Anleitung zum Unglücklichsein" → möchte zeigen, wie man sich nicht verhalten darf, wenn man glücklich sein will

2. Auch mir ist es schon passiert, dass ich negative Reaktionen von anderen erwartet habe, ohne dass ich dazu wirklich Grund gehabt hätte. Jedoch habe ich mich nicht so weit hineingesteigert, dass ich die anderen nur aufgrund meiner Erwartung angeschrien hätte. Dass der Mann in der Geschichte sich so in seinen eigenen Gedanken verliert, ist sicherlich eine überspitzte Darstellung. Jedoch führt sie einem gerade deshalb eindrücklich vor Augen, dass man zunächst einmal mit seinen Mitmenschen in Kontakt treten sollte, bevor man sie für etwas verurteilt, das sie womöglich gar nicht tun würden. Ich werde dies in Zukunft sicher stärker berücksichtigen.

Übung 59

individuelle Bewertung des Aufsatzes; siehe auch Lösungsvorschläge zu Teil B

▶ Lösungen Übungsaufgaben im Stil der Abschlussprüfung

Übungsaufgabe 1

PFLICHTTEIL A 1

Textverständnis

1. **Hinweis:** *Lies den Text nochmals genau durch und prüfe jede der angegebenen Aussagen einzeln, ob sie mit dem Inhalt übereinstimmt. Denke daran, dass einige Informationen nicht im Text enthalten sind; notiere dann „nicht genannt".*

   a) trifft zu
   b) trifft nicht zu
   c) trifft nicht zu
   d) nicht genannt
   e) trifft zu
   f) nicht genannt

2. **Hinweis:** *Achte auf die im Text genannte Begründung, warum der Müll in den Meeren doch auch aus Deutschland stammt – obwohl viele Menschen hierzulande denken, sie seien nicht dafür verantwortlich.*

   Ein großer Teil des Plastikmülls, der in Deutschland im Gelben Sack landet, kann in unseren Anlagen nicht recycelt werden. Da die Entwicklung besserer Sortieranlagen teuer ist, wird der Plastikmüll einfach verbrannt oder in andere Länder exportiert. Diese Länder sind jedoch häufig mit den großen Mengen an Müll überfordert, weshalb er dort teilweise auch in die Meere gelangt.

3. *Mögliche Antworten (nur drei erforderlich):*
   - Wiederverwendbare To-Go-Becher und Lunch-Boxen nutzen (vgl. Z. 8/9)
   - Auf Mehrweg- statt Einwegverpackungen achten (vgl. Z. 104/105)
   - Auf in Plastik verpackte Produkte ganz verzichten (vgl. Z. 107–109)
   - In Unverpackt-Läden einkaufen (vgl. Z. 114/115)
   - Zahnpasta oder Waschmittel selbst herstellen (vgl. Z. 134/135)

4. **Hinweis:** *Überlege, was mit der Aussage gemeint ist, und versuche, sie in eigenen Worten verständlich zu machen. Überprüfe deine Lösung anschließend daraufhin, ob sie tatsächlich den Sinn der ursprünglichen Aussage wiedergibt.*

   Mit dieser Aussage ist gemeint, dass jede*r von uns, wenn er etwas kauft, eine Entscheidung trifft, nämlich ob er in diesem Moment sich selbst etwas Gutes tut und damit der Umwelt langfristig schadet oder auf den Einkauf verzichtet und die Umwelt schont. Jeder Kauf ist mit einer Belastung für die Natur verbunden und dessen sollte sich jede*r bewusst sein.

Sprachgebrauch

1. • Einzelne: Substantiv/Nomen/substantiviertes Adjektiv
   • dass: Subjunktion
   • das (Konsumverhalten): Artikel, Demonstrativpronomen
   • das: Relativpronomen

2. **Hinweis:** *Erinnere dich an die wichtigsten Kommaregeln: Ein Infinitivsatz wird mit Komma abgetrennt, wenn er mit „um" (bzw. „ohne", „statt", „anstatt", „außer", „als") eingeleitet wird. Zwischen den einzelnen Teilen einer Aufzählung steht ein Komma, wenn sie nicht durch „und" oder „oder" miteinander verbunden sind. Außerdem steht zwischen Haupt- und Nebensatz ein Komma bzw. auch vor und nach dem Nebensatz, wenn dieser in den Hauptsatz eingeschoben ist.*

   a) Um die Menge an Plastikmüll nennenswert zu reduzieren, wird ein Verbot von Strohhalmen aus Kunststoff nicht ausreichend sein.

      Begründung: Komma bei einem Infinitivsatz

   b) Klein geschnittenes Obst in Kunststoffverpackung, einzelne Bananen oder Gurken in Plastikfolie, doppelt verpackte Bonbons oder Salate in Einwegschüsseln lösen bei vielen Kunden mittlerweile mehr als nur ein Kopfschütteln aus.

      Begründung: Kommas bei einer Aufzählung

   c) Ärmere Länder leiden unter dem Müll der westlichen Welt, weil der Export von Plastikmüll bislang günstiger ist als die Entwicklung besserer Recycling-Anlagen.

      Begründung: Komma bei einem Satzgefüge (Subjunktion „weil" leitet einen Nebensatz ein)

   d) Jeder Einzelne kann mit seinen Kaufentscheidungen, die auch die Umwelt berücksichtigen und nicht nur das eigene kurzfristige Wohl, einen kleinen Teil zur Lösung des Müllproblems beitragen.

      Begründung: Kommas bei einem eingeschobenen Relativsatz

3. **Hinweis:** *Lass dich nicht vom Hilfsverb „werden" verwirren. Es gibt mehrere Zeitformen, für die es gebraucht wird. Sieh dir seine „Begleiter" gut an: In Verbindung mit welchen Verbformen steht „werden" und was wird damit gebildet?*

   a) Zeitform: Präsens

   b) Zeitform: Futur I

4. ✎ **Hinweis:** *Da im Passivsatz die handelnde/n Person/en, also das Subjekt des Aktivsatzes weggelassen wurde, musst du dieses selbst ergänzen. Denke daran, bei der Umwandlung des Satzes die Zeitform beizubehalten.*

   Bisher haben die Menschen zu sehr auf Kosten der Umwelt gelebt.

5. a) Zustandekommen
   b) weitergeht
   c) entlanglaufen
   d) da gewesen

6. ✎ **Hinweis:** *Du findest das Subjekt im Satz, indem du die Frage „Wer oder was?" stellst und die Umstellprobe machst. Beginne den umformulierten Satz mit dem Subjekt und denke daran, dass das finite Verb in einem Aussagesatz immer auf der Position des zweiten Satzglieds steht (Verbzweitsatz). Satzglieder bestimmst du mithilfe der W-Fragen. Vermutlich kannst du rasch ausschließen, dass es sich bei dem unterstrichenen Satzglied um das Subjekt (Wer oder was?), das Prädikat (Was tut das Subjekt?) oder um ein Objekt handelt (Wessen? Wem? Wen oder was?). Denke also an die Kategorie der adverbialen Bestimmungen, die sich mit den Fragen „Wo?/Wohin?", „Wann?/Wie oft?/Wie lange?", „Wie?" oder „Warum?" erfragen lassen.*

   Das Bewusstsein für nachhaltiges Handeln war selten so groß wie zurzeit.

   Satzglied: Adverbiale Bestimmung der Zeit/Temporaladverbiale

7. ✎ **Hinweis:** *Lies die bildhaften Ausdrücke und den jeweiligen Zusammenhang, in dem sie im Text stehen, noch einmal nach. Beschreibe dann in eigenen Worten, wie sich die Sachverhalte anders, nämlich sachlich und ohne das sprachliche Bild, ausdrücken lassen. Überlege dazu, was die Formulierungen im wörtlichen Sinne bedeuten und wie sie auf den jeweils genannten Sachverhalt übertragbar sind.*

   a) Damit ist gemeint, dass wir zu viele und oft unnötig verpackte Produkte kaufen, die oder deren Verpackung nach kurzer Zeit in der Mülltonne landen. Wir verursachen mit unserem Lebensstil also zu viel Müll.

   b) Versinken kann man in den Fluten, also im Wasser, oder im Schlamm, man geht unter, bekommt keine Luft mehr und stirbt. Wenn die Welt in Plastik versinkt, heißt das, dass die Menge an Plastikmüll auf der Erde so hoch ist, dass sie daran erstickt, also zugrunde geht.

   c) Das Verb „aussterben" kennt man üblicherweise von Tierarten oder Pflanzen, die zu bestehen aufhören, also nicht mehr existieren, meist aufgrund der Einwirkung durch den Menschen. Wenn Plastik-Strohhalme etc. „aussterben", bedeutet das, dass sie immer seltener produziert und verkauft werden. Der Grund dafür ist, dass viele Menschen und die Hersteller selbst darauf aufmerksam geworden sind, dass Plastikartikel schädlich für die Umwelt sind, und diese Dinge nicht mehr benutzen bzw. in Umlauf bringen möchten.

8. **Hinweis:** *Überlege, was mit den Begriffen jeweils gemeint ist; vielleicht hilft dir dabei der Zusammenhang im Text. Finde anschließend Wörter mit gleicher oder ähnlicher Bedeutung und setze sie zur Probe gedanklich in die Sätze ein – der Sinn des jeweiligen Satzes darf sich nicht verändern.*

   a) Realität: Wirklichkeit, (tatsächliche) Gegebenheit, Sachlage

   b) Konsum: Verbrauch; hier ggf. auch: Einkaufsverhalten, Lebensstil

   c) intakt: unversehrt, unbeschädigt, heil

PFLICHTTEIL A 2

Gabriele Clima: Der Sonne nach

1.
   - Dario möchte Andy ein wenig Freiheit, Licht und Sonne schenken.
   - Dario möchte selbst vor allem davonlaufen.
   - Dario denkt offenbar gar nicht richtig darüber nach, sondern lässt sich treiben und steigt mehr oder weniger zufällig in den Zug.

2. **Hinweis:** *Hier geht es nicht darum, zu beschreiben, was Dario an Elisa nervt. Nimm stattdessen Andys Perspektive ein und überlege bzw. lies genau im Text nach, was ihn an der Betreuerin stört.*

   Sie sieht ihm bei ihrer ersten Begegnung nicht einmal in die Augen (vgl. S. 63), sie spricht häufig nicht direkt mit ihm und behandelt ihn insgesamt nicht wie einen „normalen Menschen" (vgl. S. 22). Außerdem schätzt sie seine Bedürfnisse falsch ein (Hitze, vgl. S. 16/17), obwohl sie eigens für den Umgang mit behinderten Menschen ausgebildet ist.

3. **Hinweis:** *Lies noch einmal im Roman nach, in welchem Zusammenhang Dario Andy so nennt. Überlege auch, welche Probleme Dario besonders zu schaffen machen; daraus kannst du schließen, was ihm an Andys Situation erstrebenswert erscheint.*

   Dario beneidet Andy insofern, als dass dieser in seiner eigenen Welt lebt und von den Problemen der realen Welt völlig unberührt ist. Dario vergleicht Andy mit einem eigenen Sonnensystem, das nur um sich selbst kreise und dabei stets im Gleichgewicht bleibe, während sich „normale" Menschen mit der unschönen Welt, einem hässlichen „Strom aus Schlamm", auseinandersetzen müssen (vgl. S. 75).

4. Dario hat in dieser Situation impulsiv reagiert, also seiner Wut gegenüber Elisa freien Lauf gelassen. Dass dies zulasten von Andy ging, hat ihm im Nachhinein leidgetan. Daraus wird deutlich, dass er seine Fehler einsieht. Zudem merkt man daran bereits, dass er sensibel ist und auf Andys Bedürfnisse eingehen kann.

5. Dario weiß nicht, weshalb sein Vater ihn und seine Mutter verlassen hat, da es ihm nie jemand erklärt hat. Er denkt, dass er daran schuld ist, dass sein Vater gegangen ist, vielleicht, weil er „nicht genug der Große gewesen" (S. 128) ist. Diese Vorstellung belastet ihn sehr und es macht ihn wütend, dass die Delfrati ihm vor der versammelten Klasse die Schuld am Weggang des Vaters gibt.

6. ✎ **Hinweis:** *Bei dieser produktiven Schreibaufgabe sollst du den Roman in gewisser Weise „weiterschreiben" und ein „Gespräch" zwischen Dario und Andy ausformulieren. Du weißt, dass Andy nicht oder nur wenig sprechen kann und die Kommunikation zwischen beiden auf anderen Wegen funktioniert – sie verstehen sich ohne große Worte. Dies hat der Autor des Romans auf besondere Weise gestaltet: Er präsentiert den Leserinnen und Lesern den stummen Dialog der beiden als „echtes" Gespräch. Die Textstellen sind jedoch kursiv gesetzt, woraus der spezielle Kommunikationsweg deutlich wird. Dennoch kannst du die allgemeinen Merkmale eines Gesprächs in deinem Text anwenden. Knüpfe an die in der Aufgabenstellung genannte Situation an. Beachte auch, was die beiden Figuren im Roman bisher miteinander erlebt haben: Drei dieser Aspekte sollst du in deinem Text verarbeiten. Schreibe abwechselnd die wörtliche Rede der beiden Personen auf. Berücksichtige dabei auch ihre jeweiligen Charaktereigenschaften und ggf. Probleme in ihrem Alltag, mit sich selbst und im Zusammenleben mit anderen. Bei der sprachlichen Gestaltung solltest du darauf achten, dass die Ausdrucksweise zu Dario und Andy passt.*

ANDY: … Ich bin zwar behindert, aber kein Idiot. *(lacht)*

DARIO: Das wusste ich schon von Anfang an, dass du kein Idiot bist. Vielleicht ein Halbidiot. Das dachte ich jedenfalls, als du in der Turnhalle so abwesend in deinem Rollstuhl gehangen bist. *(grinst)*

ANDY: Ja, da war ich ein bisschen deprimiert …

DARIO *(fällt ihm ins Wort)*: Kein Wunder, bei deiner Begleitung! Elisa, diese Plunschkuh! Die nervt vielleicht!

ANDY *(lacht)*: Elisa ist echt eine Null.

DARIO: Lächelt den ganzen Tag, merkt aber nicht einmal, wenn es dir zu warm ist!

ANDY *(verschmitzt)*: Na, zu warm war es mir bei dir eher nicht. Als du mich da am Strand hast liegen lassen, während du im Land der Träume warst … ich wäre fast erfroren!

DARIO: Das tut mir wirklich leid, entschuldige. Zum Glück hat uns Rak geholfen. Netter Typ, oder?

ANDY: Stimmt. Das war richtig gemütlich bei ihm. Mit ihm konnte ich auch so gut reden wie mit dir. Manche Menschen verstehen mich einfach. Und dass er uns das Rakmobil gebaut hat, war wirklich ein feiner Zug von ihm. So kann ich auch mal ein bisschen Fahrtwind spüren.

DARIO: Hm, ich hoffe, wir sehen ihn mal wieder ... Apropos Fahrtwind: Das Rolltreppe-Fahren im Einkaufszentrum hat dir auch Spaß gemacht, oder? Hast du das denn vorher noch nie gemacht?

ANDY *(etwas traurig)*: Nein, wo auch? Ich komme ja kaum von zu Hause raus. Und wenn, dann ist Elisa dabei und die findet das alles bestimmt zu gefährlich. Schließlich bin ich kein normaler Mensch, der auch mal Spaß haben möchte ... du siehst übrigens auch nicht so aus, als hättest du besonders viel Spaß im Leben.

DARIO *(seufzt)*: Nein, ehrlich gesagt, finde ich das Leben ziemlich ätzend. Manchmal komme ich morgens kaum aus dem Bett. Ein bisschen Gras hilft hin und wieder ... dann löst sich alles – wie sagt man so schön – in Rauch auf ... ein Stündchen seine Ruhe haben vor allen ... aber das geht natürlich auch nicht immer. *(sieht versonnen in die Ferne)*

DARIO *(gibt sich einen Ruck)*: Jetzt lass uns aber mal langsam aufbrechen, diese Hitze hier ist ja nicht auszuhalten!

(341 Wörter)

WAHLTEIL B

Erörterung

✎ ***Hinweis:*** *Verlangt ist hier eine dialektische Erörterung; du sollst zum einen Argumente dafür finden, wie sich Plastikmüll durch die Verbraucher reduzieren lässt, zum anderen Argumente, welche Schwierigkeiten der Lösung des Problems im Weg stehen. Für deine Erörterung sind zwei Materialien vorgegeben, denen du Argumente entnehmen kannst. Untersuche sie zunächst gründlich und notiere dir, auf welche Inhalte du in deinem Aufsatz Bezug nehmen kannst. Überlege dir dann zusätzlich eigene Argumente.*

Gliedere deinen Text folgendermaßen:
- *Einleitung, in der du kurz zum Thema hinführst und zur Themenfrage überleitest (Nennung von Textsorte, Titel, Autor*in, Quelle und Erscheinungsdatum des vorgegebenen Textes);*
- *Hauptteil, in dem du eigene Argumente ausarbeitest und auf die Materialien Bezug nimmst;*
- *Schluss, in dem du ein abschließendes Fazit ziehst und deine eigene Meinung begründet darstellst.*

Achte im Hauptteil darauf, dass deine Argumente vollständig sind, sie also Behauptung, Begründung und Beispiel/Beleg enthalten. Denke auch daran, dass du die Quelle nennst, wenn du etwas aus den Materialien direkt oder indirekt zitierst. Verwende eine sachliche Sprache und verknüpfe die Argumente abwechslungsreich miteinander.

Aufsatzbeispiel

Einleitung

Mit Plastikmüll verschmutzte Strände, Mikroplastik im Trinkwasser, ein Verbot von Trinkhalmen und Wattestäbchen – die Problematik der großen Menge an Plastikmüll ist derzeit immer wieder in der Diskussion. Dass Plastik, das in die Umwelt gelangt, äußerst schädlich für Menschen und Tiere ist, ist unbestritten, doch ob und wie etwas dagegen getan werden kann, darüber sind sich Politik, Industrie und Gesellschaft uneins. Der Zeitschriftenartikel „Industrie wehrt sich gegen Plastikverbote: Wie sich die Plastikindustrie zurückmeldet“ von Arvid Kaiser, der am 12.06.2019 auf der Website des „Manager Magazin“ erschienen ist, zeigt einige Aspekte dieser Auseinandersetzung anschaulich auf.

Themenfrage

Da eine umfassende Lösung noch nicht gefunden ist, stellt sich die Frage, was jede*r Einzelne zur Reduzierung des Plastikmülls beitragen kann, aber auch, welche Schwierigkeiten der Lösung des Müllproblems im Wege stehen.

Hauptteil

Maßnahme 1: beim Einkauf auf enthaltenes Plastik achten, Alternativen auswählen

Eine erste Möglichkeit, wie jede*r Einzelne dazu beitragen kann, dass die Plastikmüllmenge nicht noch weiter anwächst, bietet sich, indem man beim Einkaufen darauf achtet, ob und wie viel Plastik in den Produkten enthalten ist, und wo möglich auf Alternativen ausweicht. In vielen Dingen des täglichen Bedarfs findet sich sogenanntes Mikroplastik, dessen Menge sich zunehmend in der Umwelt ansammelt und ihr schadet. In Kosmetikartikeln ist beispielsweise häufig Mikroplastik enthalten, das über das Abwasser in Flüsse und Meere gelangt. Ähnlich ist es bei (Billig-)Kleidung, deren Kunststofffasern beim Waschen gelöst und ebenfalls in die Kanalisation geleitet werden. Von dort gelangt es in die Umwelt und letztendlich auch in unser Essen. Auch wenn es sich nur um mikroskopisch kleine Teilchen handelt und bisher nicht erwiesen ist, dass sie gefährlich für den Menschen sind, schaden sie Ökosystemen und der Tierwelt – Grund genug, ihre Menge zu reduzieren.

Maßnahme 2: Plastik länger verwenden/Recycling

Eine zweite Maßnahme, etwas gegen die zunehmenden Plastikmüllberge zu unternehmen, ist es, Kunststoffartikel länger zu verwenden oder – wie im Fall von Verpackungen – sie nach dem Gebrauch wenigstens dem Recycling zuzuführen. Der Großteil des auf der Welt bisher hergestellten Plastiks wurde nur einmal benutzt, und davon landete wiederum das meiste auf Deponien, Müllhalden oder in der Umwelt (vgl. M 2), was den Müllberg weiter anwachsen lässt. „Upcycling" liegt derzeit im Trend – eine gute Möglichkeit, Plastik wiederzuverwenden. Im Internet finden sich unzählige Ideen, wie aus alten Joghurteimerchen Blumentöpfe werden oder wie man aus Verpackungen Taschen, Portemonnaies oder sogar Schmuck basteln kann. Und muss doch einmal etwas entsorgt werden, dann sollte es zur Sammelstelle gebracht oder im „Gelben Sack" entsorgt werden, damit es möglichst recycelt werden kann.

Maßnahme 3: auf Plastik verzichten

Noch viel besser als Recycling ist es natürlich, wenn überhaupt kein Plastikmüll anfällt, man also gar kein Plastik einkauft. Um dies umzusetzen, kann man z. B. Mehrwegbehälter und -taschen nutzen. Viele Geschäfte haben sich mittlerweile darauf eingestellt und legen die Waren in die von den Kunden mitgebrachten Boxen, statt neue Verpackungen zu verwenden, z. B. an der Fleisch- oder Käsetheke im Supermarkt. Zudem gibt es in vielen Städten neuerdings sogenannte „Unverpackt"-Läden, in denen man sich haltbare Lebensmittel wie Nudeln oder Reis in eigene Behältnisse umfüllen kann. Dadurch spart man in jedem Fall Plastik ein und reduziert die Müllmenge.

Überleitung zu Schwierigkeiten

Leider funktioniert das nicht bei allen Waren, die wir tagtäglich einkaufen. Es gibt auch zahlreiche Schwierigkeiten, die einer Reduzierung des Plastikmülls entgegenstehen und im Folgenden angesprochen werden sollen.

Schwierigkeit 1: mangelnde Alternativen zu Plastik

Zunächst sind viele Waren in Plastik einfach am besten verpackt, was sogar plastikkritische Stimmen zugeben müssen (vgl. M 1, Z. 103–107). Gängige Alternativen, beispielsweise aus Naturmaterialien, sind entweder zu teuer, was für die Verbraucher*innen zusätzliche Kosten verursacht, oder haben eine schlechtere CO_2-Bilanz, was wiederum der Umwelt schadet. Eine andere Alternative, nämlich dickere Mehrweg-Plastiktüten, verursachen an anderer Stelle Probleme, wie das Beispiel der US-amerikanischen Stadt Austin zeigt, in der diese Tüten die Kanalisation verstopfen (vgl. M 1, Z. 21–25).

Schwierigkeit 2: Recycling-Systeme sind ineffizient

Die unzureichende Leistung der Recycling-Systeme ist ebenfalls ein Problem, weshalb die Menge an Plastikmüll kaum weniger wird. Bisher funktionieren die bestehenden Anlagen nicht gut, wie auch ein Manager eines Kunststoff-Unternehmens feststellt (vgl. M 1, Z. 86–89). Aus der Grafik „Das Plastik dieser Welt" (M 2) geht hervor, dass nur ein sehr geringer Teil des hergestellten Plastiks recycelt wird. Die Verbraucher*innen können zwar ihren Müll gewissenhaft nach Wertstoffen trennen, wenn diese jedoch aufgrund schlechter Anlagen oder Systeme nicht recycelt, sondern einfach verbrannt werden, ist diese Mühe umsonst.

Schwierigkeit 3: Umweltschutz zu wenig im Bewusstsein

Aber auch die besten Recycling-Systeme oder Plastik-Alternativen nützen wenig, wenn in der Gesellschaft das Bewusstsein für den Schutz der Umwelt zu wenig verbreitet ist. Zwar ist das Thema der großen Plastikmüllmenge in den letzten Jahren verstärkt ins öffentliche Bewusstsein gerückt, nicht zuletzt durch drastische Bilder von vermüllten Stränden oder am Plastik verendeten Walen und Seevögeln, doch haben wohl nur die wenigsten Menschen etwas an ihrem persönlichen Lebensstil geändert. Ein Anfang ist sicherlich gemacht, da sich mehr, vor allem junge Menschen, für den Umweltschutz engagieren, doch um wirklich etwas im Kampf gegen den Plastikmüll erreichen zu können, wäre ein Bewusstseinswandel bei viel mehr Menschen nötig. Jede*r müsste im Alltag vermehrt darauf achten, Plastikverpackungen und -produkte möglichst ganz zu vermeiden. Leider sind viele Menschen zu bequem, etwas an ihrem Lebensstil zu ändern. Beispiele wie die Tumulte, weil eine Supermarktkette Einwegtüten aus dem Sortiment nahm, oder eine Petition mit hunderttausenden Unterschriften gegen die Einführung von Papier- statt Plastikstrohhalmen zeigen, dass viele Menschen entweder die Dringlichkeit des Plastikmüll-Problems noch nicht erkannt haben oder ihnen die Umwelt egal ist (vgl. M 1, Z. 112–118).

Schluss
Fazit

Zusammenfassend lässt sich feststellen, dass jede*r Einzelne etwas zur Reduzierung des Plastikmülls beitragen kann und dies oft sogar ohne großen Aufwand. Möglicherweise gelingt es der Industrie in absehbarer Zeit auch, umweltfreundliche Verpackungen ohne Plastik oder aus ganz neuen Materialien herzustellen, wie dies bei Matratzenschaum und Turnhallenböden bereits geglückt ist (vgl. M 1, Z. 94–97).

eigene Meinung

Um noch mehr zu erreichen, sind aber vermutlich drastischere Maßnahmen nötig. Vielleicht muss die Politik beispielsweise durch Steuern oder Verbote stärker eingreifen, um spürbare Effekte zu erzielen.

bewusster (weniger) einkaufen

Abschließend muss man wohl – ausgerechnet – dem Verband Plastics Europe recht geben, der sagt, dass „Konsum [nicht] automatisch nachhaltig wird, wenn man nur die Plastikverpackung weglässt“ (M 1, Z. 52–54). Denn am besten für die Umwelt ist es, wenn man bewusster und insgesamt weniger einkauft.

Textbeschreibung Lyrik

✐ **Hinweis:** *Bei der Textbeschreibung eines lyrischen Textes sollst du ein vorliegendes Gedicht eingehend untersuchen. In der Aufgabenstellung sind Aspekte vorgegeben, auf die du in der Analyse eingehen sollst, z. B. auf die Form des lyrischen Textes (Strophen, Reime) oder die Sprache (sprachliche Mittel, Satzbau).*

Gliedere deinen Aufsatz folgendermaßen:

- *Einleitung mit Kern-/Basissatz und kurzer Inhaltsbeschreibung;*
- *Hauptteil, in dem du die gewonnenen Erkenntnisse deiner Untersuchung vorstellst, also die in der Aufgabenstellung geforderten Aspekte beschreibst und deutest;*
- *Schluss, in dem du die Übertragbarkeit der Gedichtaussage auf die heutige Zeit oder dein persönliches Leben erläuterst und kurz dazu Stellung nimmst.*

Lies das Gedicht zunächst mehrmals genau durch. Markiere auffällige Stellen und Schlüsselbegriffe und notiere erste Stichpunkte deiner Analyse. Ordne deine Notizen anschließend und erstelle einen Schreibplan, bevor du mit der Ausformulierung deines Aufsatzes beginnst.

Aufsatzbeispiel

Einleitung
Information zum Text mit Kern-/Basissatz

Das Gedicht „Einmal sollte man" von Mascha Kaléko, die von 1907 bis 1975 lebte, ist 1933 im Band „Das lyrische Stenogrammheft" erschienen. Es beschreibt den Wunsch des lyrischen Ichs, aus seinem Alltagstrott auszubrechen, zu verreisen und die Natur zu genießen. Trotz genauer Vorstellungen, wie dieser Plan zu verwirklichen wäre, wird der Wunsch jedoch nie in die Tat umgesetzt.

kurze Zusammenfassung des Inhalts

Mit dem Gedanken, seine Sachen zu packen und sich „aus dem Staube [zu] machen" (V. 3), also zu verreisen, ohne jemandem Bescheid zu geben, beginnt das Gedicht. Das lyrische Ich sinnt über sein Leben nach und erwägt, nicht wie sonst pünktlich zur Arbeit zu fahren. Es möchte die Arbeitswelt mit ihren Konferenzen, Zahlen und Akten hinter sich lassen, sogar sein ganzes bisheriges Leben „schwänzen" (V. 12). Das Ziel dieser Auszeit soll die (unberührte) Natur sein. Das lyrische Ich zeigt sich in seinen Gedanken traurig über seinen Alltag und fühlt sich allein mit dieser Unzufriedenheit, da andere Menschen in seiner Umgebung offenbar nicht diesen Eindruck machen. Es denkt, vom Leben benachteiligt zu sein. Dann klingelt der Wecker und die Träumereien von einem anderen Leben enden, jedoch nur vorerst, denn der Kreislauf der Gedanken beginnt bald von Neuem.

Hauptteil
Aufbau/Form

Das Gedicht ist in sechs Strophen zu je vier Versen gegliedert. Strophe 2 und 3 weisen einen umarmenden Reim auf, alle anderen Strophen einen Kreuzreim. Auffällig sind einige unreine Reime, z. B. „bisher/wär" (V. 5/8) oder „müßte/Liste" (V. 18/20). Die gleichmäßige Stropheneinteilung verweist eventuell auf den immer gleichen Alltagstrott, in dem sich das lyrische Ich befindet. Die Variation bei den Reimen und die unreinen Reime lassen den Lesefluss in der gleichen Weise ins Stocken geraten, wie die Gedanken des lyrischen Ichs an einen „Ausbruch" aus seinem Leben seinen Alltag unterbrechen.

Inhaltlich lassen sich die ersten drei Strophen zu einer Sinneinheit zusammenfassen, in der die Wünsche des lyrischen Ichs zum Ausdruck kommen. Strophe 4 beschäftigt sich mit der Natur an sich und wirkt dadurch wie ein kleiner Ruhepol. Die letzten beiden Strophen stellen eine Art Zustandsbeschreibung der Gefühlswelt des lyrischen Ichs dar. Der letzte Vers nimmt schließlich die Träumereien des Beginns wieder auf.

sprachliche Mittel und deren Wirkung
Wiederholungen

Bei der Untersuchung der sprachlichen Mittel fällt zunächst die häufige Wiederholung der Formulierungen „Man sollte …" bzw. „Man müsste …" (vgl. z. B. V. 3, 5, 7, 9) auf. Dies ist zum einen Ausdruck des Gedankengangs des lyrischen Ichs, das vielleicht nachts oder früh am Morgen über sein Leben nachsinnt und verschiedene Möglichkeiten der Veränderung durchspielt. Zum anderen wird durch den Konjunktiv deutlich, dass es sich (von Vornherein) nur um nicht erfüllbare Wünsche handelt und sich das lyrische Ich bewusst ist, dass es diese Träume vermutlich nie in die Tat umsetzen wird.

Die Wiederholung von „Einmal" zu Beginn und am Ende des Gedichts (vgl. V. 1, 24) verdeutlicht den Kreislauf der Gedanken. Durch die Kursivsetzung und das zusätzliche „aber" im letzten Vers wirkt diese Formulierung besonders nachdrücklich, als würde das lyrische Ich jetzt tatsächlich einen Entschluss zur Veränderung fassen. Stattdessen folgt jedoch die Pointe des Gedichts mit dem nachgeschobenen „(Siehe oben!)“ (V. 24): alles beginnt von vorn, die Träumereien setzen sich fort.

Pointe

Im Gedicht sind häufig jeweils zwei aufeinanderfolgende Verse durch ein Enjambement verbunden (z. B. V. 1/2, 3/4, 5/6, 9/10), wodurch ebenfalls der Eindruck eines inneren „Gedankenstroms“ entsteht: Das lyrische Ich hängt seinen Gedanken nach und führt quasi ein inneres Selbstgespräch.

Enjambements

Schon zu Beginn von Strophe 1 findet sich bildhafte Sprache: Der Ausdruck „Siebensachen“ (V. 1) steht hier stellvertretend nicht nur für die Habseligkeiten des lyrischen Ichs, sondern sinnbildlich für das ganze alltägliche Leben, das aus den „glatten Geleisen“ (V. 2) fortgerollt werden soll. Mit dieser ersten von einigen Metaphern, die im Gedicht enthalten sind, wird ausgedrückt, dass das alltägliche Leben allzu vorhersehbar verläuft. Das lyrische Ich findet es zwar nicht sonderlich schlecht – schließlich läuft es „glatt“ –, aber offenbar langweilig. Deutlich negativer fällt die Charakterisierung des Alltags in Strophe 5 durch eine weitere Metapher aus: Nicht nur, dass das lyrische Ich in diesem Trott „traurig“ (V. 17) mittrabt, es steht sogar auf Gottes „schwarze[r] Liste“ (V. 20). Auf einer „schwarzen Liste“ stehen üblicherweise Personen oder Dinge, die in irgendeiner Form benachteiligt werden sollen. Im folgenden Vers verdeutlicht das lyrische Ich diese Tatsache nochmals durch die Metapher „Lebenslos ‚zweiter Wahl‘“ (V. 21). Das lyrische Ich fühlt sich allein (vgl. V. 20) mit seiner Ansicht, dass das Leben doch mehr zu bieten haben müsste, sowie missverstanden (vgl. „Die andern aber finden, daß man müßte“, V. 18) und benachteiligt.

Metaphern

Um diesem Leben zu entfliehen, überlegt das lyrische Ich, sich „aus dem Staube [zu] machen“ (V. 3). Diese Redewendung betont vor allem die Heimlichkeit, mit der sich das Ich seinen Rückzug aus dem Alltag vorstellt. Es möchte sich niemandem anvertrauen, sondern „unbekannt verreisen“ (V. 4), sich also ohne jemandes Wissen davonmachen.

Redewendung

Das Ziel dieser Reise soll die Natur sein, die hier für die Freiheit von Alltagszwängen steht, was in der Formulierung „eines schönen Tags das Leben schwänzen" (V. 12) deutlich wird. Die natürliche Umgebung wird sogar mit einer Personifikation bedacht: Wiesen, die „unbekümmert" (V. 16) blühen, und zwar auch werktags, die also auch während der üblichen Arbeitszeiten der Menschen schön sind.

Personifikation

Die Gedankenstriche und Auslassungspunkte, die sich an vielen Stellen im Gedicht finden (vgl. z. B. V. 8, 11, 17), verdeutlichen auch die Perspektive des Textes. Es handelt sich um einen Gedankengang des lyrischen Ichs, ein stummes Selbstgespräch. Das unpersönliche „man" (vgl. z. B. V. 1, 3, 5), das die Autorin verwendet, zeigt, dass es kein konkretes „Ich" gibt, das die Wünsche in die Tat umsetzt. Hier träumt ein unbestimmter Jemand vor sich hin, wodurch verdeutlicht wird, dass wohl jede*r solche Gedanken schon einmal hatte. Eventuell lässt sich das Gedicht auch als Aufforderung an andere lesen, den Alltagstrott hinter sich zu lassen und zumindest für einen Tag „sein kleines Ideal" (V. 23), also seinen Traum zu leben.

Perspektive

Gedankenstriche/ Auslassungspunkte

„man"

Wenn die Leser*innen die Überschrift des Gedichts („Einmal sollte man") zum ersten Mal lesen, überlegen sie vermutlich zuerst, was sie tun „sollten", also welcher Aufforderung sie Folge leisten sollen. Wahrscheinlich fallen den meisten Menschen zunächst Dinge ein, die man nicht so gerne macht, z. B. aufräumen oder für eine Prüfung lernen. Beim genauen Lesen des Gedichts wird jedoch deutlich, dass es dem lyrischen Ich um die eigenen Träume geht, die es verwirklichen möchte. Viele Leser*innen erkennen sich vermutlich in diesem Wunsch wieder: Jede*r sollte „einmal" das tun, wonach sie*er sich sehnt. Das Wort „Einmal" könnte dabei zweierlei bedeuten: Zum einen, dass man diese Dinge – zumindest oder nur – ein einziges Mal tun sollte, z. B. weil es sich um besondere, teure oder schwierig umzusetzende Erlebnisse handelt, z. B. auswandern. Wahrscheinlicher ist jedoch, dass mit „Einmal" ein unbestimmter Zeitpunkt in der Zukunft gemeint ist: Eines Tages oder

Bezug zur Überschrift

irgendwann sollte man aus seinem Leben ausbrechen und das tun, worauf man Lust hat oder wovon man schon lange geträumt hat. Diese Unbestimmtheit ist – wie beim lyrischen Ich – bei den meisten Menschen aber gerade das Problem: Man träumt immer wieder davon, sein Leben umzukrempeln und seine Wünsche in die Tat umzusetzen – und tut es dann doch nicht.

Schluss
Transfer

Im Gedicht wird aufgezeigt, wie sich fast alle Menschen hin und wieder fühlen: Ob als Schüler*in oder Berufstätige*r – fast jede*r denkt ab und zu, dass man am nächsten Tag gerne etwas anderes täte, als in die Schule oder zur Arbeit zu gehen. Stattdessen träumt man davon, wie ein idealer Tag aussehen könnte. Den meisten bleibt jedoch nichts anderes übrig, als den manchmal ungeliebten Alltagstrott auszuhalten, schließlich muss gelernt und für sein Auskommen gesorgt werden.

Stellungnahme

Generell empfinde ich meinen Alltag als nicht so beschwerlich, wie er im Gedicht beschrieben wird. Natürlich macht nicht jeder Schultag Spaß, aber es gibt doch immer etwas, worauf man sich freuen kann, z. B. auf ein interessantes Projekt, das Lieblingsessen in der Schulmensa oder einfach die Freistunde am Nachmittag. Wichtig ist aus meiner Sicht auch, dass man seine Pläne nicht immer hinausschiebt. Es muss ja nicht gleich das komplette Leben verändert werden, aber manches lässt sich doch leicht umsetzen, wie beispielsweise der Wunsch, mehr Zeit in der Natur zu verbringen.

Abrundung

Den meisten von uns genügen zum Glück solche kleinen „Fluchten" vom Alltag, z. B. ein Nachmittag am See, Ferien oder Urlaubstage, die man verbringen darf, wie man möchte, und auf die man sich freuen kann. Und hin und wieder kann auch ein kleiner Tagtraum helfen, die Unterrichtsstunde oder das nächste Meeting zu überstehen.

Textbeschreibung Prosa

Hinweis: *Bei der Textbeschreibung eines Prosatextes sollst du eine vorliegende Kurzgeschichte eingehend untersuchen. In der Aufgabenstellung sind Aspekte vorgegeben, auf die du in deiner Analyse eingehen sollst, z. B. auf den Aufbau, die Sprache (sprachliche Mittel, Satzbau) oder auf die Figurenkonstellation.*

Gliedere deinen Aufsatz folgendermaßen:

- *Einleitung mit Kern-/Basissatz und kurzer Inhaltszusammenfassung;*
- *Hauptteil, in dem du die gewonnenen Erkenntnisse deiner Untersuchung vorstellst, also die in der Aufgabenstellung geforderten Aspekte beschreibst und deutest;*
- *Schluss, in dem du deinen Text abrundest und die Übertragbarkeit der Textaussage auf die heutige Zeit oder dein persönliches Leben erläuterst und dazu Stellung nimmst.*

Lies die Kurzgeschichte zunächst mehrmals genau durch. Markiere auffällige Stellen und Schlüsselbegriffe und notiere erste Stichpunkte deiner Analyse. Ordne deine Notizen anschließend und erstelle einen Schreibplan, bevor du mit der Ausformulierung deines Aufsatzes beginnst.

Aufsatzbeispiel

Einleitung

Information zum Text mit Kern-/Basissatz

Die von Botho Strauß verfasste Kurzgeschichte „Rückkehr" ist im Jahr 2010 im Band „Kürzestgeschichten" erschienen und erzählt von einem Bäckermeister, der seine Frau, die er vor 25 Jahren verlassen hat, überraschend besucht und ihr Hilfe anbietet, die diese jedoch ablehnt.

kurze Zusammenfassung des Inhalts

Der Bäckermeister Alwin war eines Morgens nach Mexiko ausgewandert und wurde dort ein erfolgreicher und wohlhabender Fabrikant. Bei seiner Rückkehr nach Hannover 25 Jahre später erfährt er, dass seine Frau Myriam, die er damals verlassen hat, in großer Armut lebt. Er besucht sie in ihrer ehemaligen gemeinsamen Wohnung, macht ihr ein Angebot und bietet ihr Unterstützung an. Die Frau trinkt gerade ein Glas Likör, lehnt das Angebot ihres Mannes ab und bittet ihn, sie wieder mit „ihm" allein zu lassen.

Hauptteil

Charakterisierung der Hauptfiguren

Bäckermeister Alwin

In der Kurzgeschichte spielen lediglich zwei Personen eine Rolle: der Bäckermeister Alwin und dessen Frau Myriam. Die Informationen, die die Leser*innen über sie erhalten, sind sehr knapp. Über den Bäckermeister erfährt man, dass er an einem Tag nicht mehr in seine Backstube gekommen ist, seine Frau verlassen hat und nach Mexiko ausgewandert ist. Die Formulierung „eines Morgens" (Z. 1) lässt darauf schließen, dass dieser Entschluss des Mannes plötzlich erfolgt ist und wohl niemand anderes davon wusste. Auch die Beschreibung dieser Episode in einem einzigen Relativsatz deutet darauf hin, dass er offenbar von heute auf morgen abgereist ist. In Mexiko wurde Alwin ein „erfolgreicher Fabrikant“ (Z. 3), wobei offenbleibt, wie ihm dies – über den Kauf von Anteilen an einer Papierfabrik hinaus – genau gelungen ist. Woher das Geld für den Kauf dieser Anteile stammte, wird im Text ebenfalls nicht erläutert. Es könnte also beispielsweise sein, dass er das mit seiner Frau gemeinsam Ersparte für diesen Zweck verwendet hat. Interessant ist, dass er sich von seinem ursprünglich erlernten Beruf (Bäcker) ganz abgewandt hat und in einen völlig anderen Berufszweig gewechselt ist. Vor seiner Rückkehr nach Hannover gehörten ihm schließlich 12 Papierfabriken – nicht nur in Mexiko, sondern in ganz Lateinamerika (vgl. Z. 3/4). Alwin hatte also großen beruflichen Erfolg und ist vermutlich dementsprechend wohlhabend. Über sein Alter erfährt man im Text nichts. Was im Text ebenfalls unklar bleibt, ist der Grund für seine Rückkehr nach Hannover. Seine Frau ist es nicht, denn er besucht Myriam erst, als er von ihrer schwierigen Situation erfährt. Dass ihm dieser Besuch nicht leichtfällt, geht aus der Formulierung „nahm er sich ein Herz“ (Z. 7) hervor: Er muss sich offenbar überwinden, diesen Schritt zu tun. Man kann sich auch vorstellen, dass er ein schlechtes Gewissen hat. Von einer Entschuldigung Alwins oder einer Erklärung, weshalb er damals einfach so gegangen ist, ist im Text jedoch nicht die Rede. Stattdessen macht er seiner Frau ein „Angebot“ (Z. 11) – wie dies genau aussieht, erfährt man nicht – und verspricht ihr Unterstützung. Sie lehnt jedoch ab.

Myriam

Über Myriam erfährt man im Text noch weniger als über Alwin. Sie wohnt noch in der gleichen „kleinen“ (Z. 5) Wohnung, in der sie vor 25 Jahren mit ihrem Mann gelebt hat. Sie ist fünfzig Jahre alt und offenbar bitterarm (vgl. Z. 6/7). Es könnte sein, dass es ihr nach dem Weggang ihres Mannes nicht gelungen ist, beruflich Fuß zu fassen und für ihr Auskommen zu sorgen. Dass die „Küchenarbeit“ erwähnt wird, die sie anscheinend „immer“ (Z. 9) verrichtet hat, könnte ein Hinweis darauf sein, dass sie in ihrer gemeinsamen Zeit mit ihrem Mann Hausfrau war. Ihr Mann findet sie jedenfalls in einer Situation vor, die ihm aus früheren Tagen noch gut bekannt ist: Sie sitzt nach beendeter Hausarbeit an einem Tisch und trinkt ein Glas Likör. Obwohl sich Alwin nicht angekündigt hat, sondern „plötzlich“ (Z. 10) neben ihr steht, wirkt Myriam nicht überrascht und blickt nur kurz auf. Das Angebot ihres Mannes nimmt sie fast teilnahmslos zur Kenntnis, denn sie hört nur zu und sagt selbst gar nichts (vgl. Z. 11/12). Nach Alwins Hilfsangebot schüttelt sie den Kopf und bittet ihn, sie wieder mit ihm allein zu lassen. Wie es scheint, hat sie ihr Leben genau so weitergeführt, als wäre ihr Mann noch da bzw. ist er dies in ihrer Vorstellung sogar noch – allerdings der Ehemann, der er vor seinem Weggang war. Möglicherweise war die Verletzung durch sein plötzliches Verschwinden so groß, dass sie es einfach verdrängt hat. Um Alwins Hilfsangebot anzunehmen, ist sie vielleicht zu stolz. Möglich wäre auch, dass sie lieber das ärmliche Leben weiterführen möchte, an das sie sich in den letzten 25 Jahren gewöhnt hat, als in Kontakt mit dem „neuen“ Alwin, dem Fabrikanten, zu treten.

Erzählperspektive

Beim Lesen der Kurzgeschichte fallen sofort die nüchterne, sachliche Sprache und die knappen Beschreibungen auf. Der Schluss liegt also nahe, dass es sich um eine neutrale Erzählperspektive handelt. Tatsächlich erfährt man als Leser*in nichts über die Gefühle und Gedanken der Figuren, der Erzähler kommentiert oder wertet nicht. Eine kleine Ausnahme bildet die Aussage „nahm er sich ein Herz“ (Z. 7). Es wird deutlich, dass sich Alwin überwinden muss, seine Frau zu besuchen. Hier gewährt der Erzähler einen kurzen Einblick in die Gefühlswelt des Bäckermeisters.

Satzbau

Raum für Interpretationen bieten die Sätze der Kurzgeschichte also durchaus, obwohl sie insgesamt eher einfach und leicht verständlich aufgebaut sind. Nach dem einleitenden Relativsatz, der die Umstände von Alwins Auswanderung knapp zusammenfasst, folgt eine Satzreihe, d. h. einige kurze Aussagesätze. Ab Alwins Besuch bei seiner Frau (vgl. Z. 7–13) geht der Satzbau in Satzgefüge über – sozusagen dann, wenn Alwins Leben durch die Kontaktaufnahme mit seiner Frau ebenfalls wieder komplizierter wird.

Bezug zwischen Überschrift und Inhalt

Die Überschrift lässt auch einiges im Unklaren, denn es bleibt fraglich, was mit „Rückkehr" gemeint ist. Auch im Text steht lediglich: „kehrte er nach Hannover zurück" (Z. 4/5). Wie lange sein Aufenthalt in Hannover dauern soll oder ob er für immer zurückkommt, erfährt man nicht. Hier könnte man auch nochmals über das „Angebot" (Z. 11) spekulieren, das Alwin Myriam macht. Handelt es sich nur um finanzielle Unterstützung und sonstige Hilfe oder möchte er vielleicht auch zu seiner Frau zurückkehren?

Schluss

Transfer

Die Situation in der Kurzgeschichte hat vielleicht der ein oder andere selbst schon erlebt: Man kann in einer Beziehung nicht einfach dort wieder anfangen, wo man in der Vergangenheit aufgehört hat. Die Entscheidung der Frau, nicht einmal Alwins Unterstützung anzunehmen, zeigt deutlich, dass die Zeit eben nicht alle Wunden heilt und emotionale Verletzungen, die sich Menschen gegenseitig zufügen, oft lange nachwirken. Außerdem ist es natürlich so, dass sich Menschen im Laufe der Zeit verändern und manche Beziehungen dann einfach nicht mehr funktionieren. Wenn sich ein Partner weiterentwickelt, der andere jedoch immer „der Alte" bleibt, werden sie sich über kurz oder lang auseinanderleben.

Stellungnahme

Meiner Meinung nach ist es wichtig, mit dem anderen Menschen im Gespräch zu bleiben und sich dafür zu interessieren, was der oder die andere denkt und fühlt. Dadurch lebt man sich auch nicht so schnell auseinander. Möglicherweise wäre die Geschichte anders ausgegangen, wenn die beiden über ihre Wünsche und Vorstellungen für die Zukunft und ihre Beziehung gesprochen hätten.

Abrundung

Dies ist jedoch nur eine Möglichkeit, die Geschichte „Rückkehr" weiterzudenken. Welche Erkenntnis die Leserin oder der Leser dieser Geschichte für sich persönlich mitnimmt, bleibt ihr oder ihm überlassen. Erstaunlich ist in jedem Fall, dass ein solch kurzer Text so viele Denkanstöße für das persönliche Leben, eigene Beziehungen und Freundschaften enthält.

Übungsaufgabe 2

PFLICHTTEIL A 1

Textverständnis

Hinweis: *Es ist sinnvoll, sich den Text zunächst gründlich durchzulesen, damit du einen ersten Überblick über dessen Inhalt und Thema bekommst. Anschließend solltest du die Aufgaben zum Textverständnis durchgehen, um zu erfahren, welche Aspekte du beim zweiten Lesen besonders in den Blick nehmen musst. Markiere dabei die Passagen, in denen der jeweils erwähnte Aspekt vorkommt.*

1. a) trifft zu
   b) trifft nicht zu
   c) trifft zu
   d) nicht genannt
   e) trifft zu
   f) trifft zu

2. • Einsatz von Maschinen
   • Fortschritt in der Tier- und Pflanzenzucht
   • Ausnutzen von Größenvorteilen
   • Verbesserungen in der Logistik

3. Achim Spiller, Professor für Agrarökonomie an der Universität Göttingen, hat seine Zuhörer*innen während seiner Vorlesung gefragt, welche Tomaten sie als bewusste Verbraucher*innen kaufen würden: niedersächsische oder italienische? Der Großteil seiner Zuhörer*innen stimmte für das regionale Gemüse. Dies sei laut Spiller aber für das Klima ungünstig, da eine Tomate aus einem beheizten norddeutschen Gewächshaus fünfmal so viel CO_2 verursache wie eine Tomate, die mit dem Lastwagen aus dem sonnigen Italien angeliefert wurde. Außerdem ist die heimische unter Umständen sogar noch teurer. Diese Fehleinschätzung der Verbraucher*innen wird im Text „Tomaten-Trugschluss" genannt.

4. Obwohl nicht allein der Preis über die Qualität und die Einhaltung des Tierwohls entscheidet, muss den Fleischkäuferinnen und -käufern klar sein, dass man ein Kilogramm guten Bio-Hackfleisches nicht für 4,49 Euro, sondern eher für 14,48 Euro bekommt (vgl. Z. 3–5, 94–97). Gerade Fleisch sollte man möglichst direkt im Hofladen kaufen. In der Biolandwirtschaft wird am besten auf das Tierwohl Rücksicht genommen. Diese lässt dem Vieh mehr Platz, wie z. B. auf dem Dottenfelderhof (vgl. Z. 106/107).

5. Wir als Verbraucher*innen haben die Möglichkeit, uns darüber zu informieren, wie wir gesund leben, gut essen, die Umwelt und das Vieh schonen oder die Landwirte fair bezahlen können. Wenn man es sich leisten kann und es gut meint, muss man nicht die Lebensmittel kaufen, die zu niedrigen Preisen im Discounter angeboten werden. Es gibt Alternativen. Möchte man beispielsweise lieber die Landwirte finanziell unterstützen, statt sein Geld den Nahrungsmittelkonzernen zu geben, kann man z. B. in einem Hofladen einkaufen. Die Entscheidung liegt allein bei uns Verbraucherinnen und Verbrauchern.

Sprachgebrauch

1. ***Hinweis:** Überlege zunächst, welche unterschiedlichen Kommaregeln du kennst. Suche anschließend in deinem Wörterbuch die Stelle, an der die Kommaregeln aufgelistet sind.*

   a) Die Landwirtschaft, von der in den vergangenen Jahrzehnten viel Flexibilität verlangt wurde, ist auch mit der Digitalisierung vor große Herausforderungen gestellt.

   Begründung: Kommas bei einem eingeschobenen Relativsatz

   b) Jeder Konsument kann durch sein Kaufverhalten für das Tierwohl sorgen, indem er bei Kaufentscheidungen nicht nur das eigene Wohl in den Blick nimmt.

   Begründung: Komma bei einem Satzgefüge (Subjunktion „indem" leitet einen Nebensatz ein)

   c) Rinder, Schweine und Hühner erhalten auf Bio-Bauernhöfen viel mehr Platz als in der konventionellen Landwirtschaft.

   Begründung: Komma bei einer Aufzählung

2. ***Hinweis:** Rufe dir zuerst alle Wortarten ins Gedächtnis, die du kennst. Überlege im Anschluss, um welche dieser Wortarten es sich jeweils handelt.*

   a) (1) Indefinitpronomen

   (2) Adverb (Achtung: Das Wort „alternativlos" beschreibt hier das Verb „ausgeliefert" näher und ist deshalb kein Adjektiv, sondern ein Adverb.)

   (3) zusammengesetzt aus „in" = Präposition und „dem" = Artikel

b) (4) Demonstrativpronomen
(5) Adjektiv
(6) Adjektiv (im Komparativ, also der zweiten Steigerungsform)

3. **Hinweis:** *Suche die Wörter jeweils mithilfe der Zeilenangaben im Text und lies die entsprechenden Textstellen noch einmal. Der Zusammenhang, in dem das jeweilige Wort verwendet wird, kann für dessen Bedeutung ausschlaggebend sein. Überprüfe deine Lösung, indem du die deutsche Bezeichnung in Gedanken in den jeweiligen Satz einsetzt. Der Sinn des Satzes darf sich dabei nicht verändern.*

a) Mentalität (Z. 26): Denk- und Anschauungsweise

b) Paradox (Z. 158): Widersinnigkeit

c) Produktivität (Z. 78): Ergiebigkeit

d) Branche (Z. 27): Wirtschaftszweig

4. **Hinweis:** *Denke daran, bei der Umformulierung in die indirekte Rede den Konjunktiv zu benutzen. Rufe dir daher noch einmal die wichtigsten Regeln zur Verwendung des Konjunktivs ins Gedächtnis: Grundsätzlich verwendet man bei der indirekten Rede den Konjunktiv I, nur bei „dass"-Sätzen ist auch der Indikativ erlaubt. Wenn der Konjunktiv I nicht eindeutig vom Indikativ zu unterscheiden ist, weicht man auf den Konjunktiv II aus.*

Achim Spiller sagt, die meisten Laien lägen beim Tierwohl mit ihren Vorstellungen richtig. Es gehe dem Vieh tatsächlich besser, wenn es mehr Platz habe. / Achim Spiller sagt, dass die meisten Laien beim Tierwohl mit ihren Vorstellungen richtig lägen / liegen ...

5. a) Obwohl man hier wegen des Artikels auf eine Nominalisierung schließen könnte, handelt es sich um die dritte Steigerungsform des Adjektivs „gut" (in adverbialem Gebrauch) und wird deshalb kleingeschrieben.

b) Auch wenn man hier ebenfalls wegen des Artikels eine Nominalisierung vermuten könnte, bezieht sich das Wort „zweite" auf „Tasse Kaffee" und wird daher nicht großgeschrieben.

PFLICHTTEIL A 2

Gabriele Clima: Der Sonne nach

1. **Hinweis:** *Lies die „Danksagungen" und das „Nachwort" (S. 153–156) noch einmal. Darin findest du Informationen über die reale Person Fabiola Beretta.*

   Mögliche Lösungen (nur drei erforderlich):

   - Sowohl im Roman als auch in der Realität bestand eine enge persönliche Verbindung zwischen Andy und Fabiola.
   - Sowohl die reale als auch die erfundene Fabiola glaubten immer daran, dass Andy Fortschritte machen kann. Beide sahen, dass man sich von der offensichtlichen Behinderung nicht täuschen lassen soll, damit die Ansprüche an die Person mit Behinderung nicht zu niedrig angesetzt werden. Nur dann, so glaubten beide, könne man dazu beitragen, dass die Person Fortschritte erzielt.
   - Fabiola Beretta hat versucht, jeden Tag ein neues und überraschendes Lernangebot für Andy zu gestalten. Er wurde dadurch dazu angeregt, sich in den Schulalltag zu integrieren und andere kennenzulernen. Auch im Roman schaffte es Fabiola, dass Andy sich sogar in der großen Gruppe beim Ausflug nach Bergamo gut aufgehoben fühlte und das Gefühl hatte, dazuzugehören.
   - Beide Frauen begegneten Andy auf Augenhöhe und ohne Berührungsängste.

2. *Mögliche Lösungen (nur drei erforderlich):*

   - In der Schule nennt ihn seine Lehrerin, Frau Delfrati, mehrfach eine „Niete" und sagt vor der ganzen Klasse, dass sein Vater wohl auch deshalb die Familie verlassen hat. In Kapitel 1 heißt es dazu: „Du bist eine Niete, Dario, aus dir wird nie was […]. Das weiß doch jeder, oder? Auch dein Vater. Deswegen hat er sich ja davongemacht." (S. 7) Damit trifft sie bei Dario einen wunden Punkt und bestätigt ihn in seinen Selbstzweifeln. Er selbst war auch immer der Meinung, dass er schuld am Verschwinden seines Vaters sei und er nicht gut, groß und tapfer genug für ihn gewesen sei.
   - Sein Vater redete Dario schon in der Kindheit ein, dass Weinen ein Zeichen von Schwäche ist. Dario war als Kind natürlich öfter zum Weinen zumute. Als er sich beispielsweise als Siebenjähriger bei einem Sturz

am Arm verletzt hat, sagte sein Vater zu ihm: „Du bist Darius der Große, und die Großen weinen nicht. Niemals, aus keinem Grund." (S. 59)

- Dario kann sich nicht erinnern, dass seine Eltern ihn jemals liebevoll in den Arm genommen haben. Seine „Mutter hatte ihn nie umarmt, nicht einmal, als er klein war" (S. 114) und sein Vater hatte ihn nur einmal auf den Arm nehmen müssen, weil Dario als Kind fast im Stehen eingeschlafen und auf den Boden gefallen wäre (vgl. S. 114). Deshalb hat Dario möglicherweise den Eindruck bekommen, dass er einer liebevollen Umarmung nicht wert ist.
- Seine Mutter ignoriert, dass sich wohl jedes Kind fragt, wie es zur Trennung der Eltern gekommen ist. Sie lässt ihn im Unklaren über die Situation und riskiert damit, dass er sich die Schuld an der Trennung gibt. Daher schwirren Dario auch noch Jahre später zahlreiche Fragen durch den Kopf, die er seiner Mutter gerne gestellt hätte, z. B.: „Warum hatte sie ihm nicht gesagt, wie die Dinge wirklich gelaufen waren? Dass es weder seine Schuld war und auch nicht ihre, sondern die von Papa, und zwar nur von ihm?" (S. 142)

3. Am Bahnhof von San Vincenzo erinnert sich Dario daran, dass er als kleiner Junge mit seinem Vater oft dort gewesen war. Abends begegnen sie Rak, der Dario und Andy über Nacht bei sich aufnimmt. Am nächsten Tag telefoniert Dario mit dem Schuldirektor, der ihm mit der Jugendstrafanstalt droht. Dennoch beschließt Dario, nicht zurückzukehren, sondern seinen Vater und dessen neue Lebensgefährtin Flora zu besuchen. Aufgrund einer zwei Jahre alten Postkarte vermutet er, dass sein Vater in der Nähe, in Torre Saracena, wohnt. Als Rak ihm bestätigt, dass das nicht weit entfernt ist, steht Darios Entschluss fest.

4. *Mögliche Lösungen (nur vier erforderlich):*
   - Darios Mutter wurde von Nic verlassen. Im Grunde wirft es auch kein gutes Licht auf sie, dass sie die Beziehung nicht schon vorher selbst beendet hat, obwohl Nic offenbar nicht gut für sie und das Kind war.
   - Eventuell wollte Darios Mutter alle Erinnerungen an die Zeit mit Nic vergessen und deshalb auch nicht mehr über ihn sprechen.
   - Vermutlich wollte Darios Mutter ihn auch schonen und ihm möglicherweise die wenigen guten Erinnerungen an seinen Vater lassen.

- Das, was Darios Mutter Nic vorwirft, kann man einem Kind wohl nur schwer erklären. Die Themen „Drogenkonsum", „Egoismus" und „Verantwortungslosigkeit" sind für ein Kind schwer oder gar nicht nachvollziehbar.
- Außerdem weiß Darios Mutter eventuell selbst nicht so genau, warum es zur Trennung gekommen ist. Vielleicht gibt sie sich selbst auch eine Mitschuld.

5. ***Hinweis:*** *Folgende Punkte sollten in dem Gespräch inhaltlich abgedeckt werden:*
- *Andys Vater hat die positiven Veränderungen bei seinem Sohn bemerkt und glaubt, dass sie mit Dario zusammenhängen.*
- *Der Vater weiß, dass seine Frau Dario am liebsten anzeigen würde, weil sie so große Angst um ihren „entführten" Sohn hatte.*
- *Andys Vater muss seiner Frau deutlich machen, dass der Kontakt zwischen Dario und Andy die positiven Fortschritte herbeigeführt hat. Er muss ihr seine Idee von zukünftigen Treffen unterbreiten und sie schließlich überzeugen.*

VATER: Anna, hast du kurz einen Moment für mich? Hör zu, seit einer ganzen Weile schon beschäftigt mich die Frage, ob wir nicht Kontakt zu diesem Dario aufnehmen sollten. Andy nennt immer wieder seinen Namen.

MUTTER *(verärgert)*: Kontaktieren? Warum denn das? Den Namen Dario will ich in diesem Haus hier nicht mehr hören – von dir nicht und von Andy auch nicht! Die Angst um unseren Jungen hat mich beinahe umgebracht. Anzeigen möchte ich diesen Dario, sonst nichts! Wenn du das meinst, nur zu … Entführt einen Jungen wie Andy und kommt damit ungeschoren davon?!

VATER *(beschwichtigend)*: Ich weiß, dass du immer noch aufgebracht bist. Aber schau dir Andy an, er ist wie ausgewechselt. Jeden Tag aufs Neue muss ich über seine unfassbaren Fortschritte staunen. Er spricht deutlich mehr als vorher, er reagiert intensiver auf sein Umfeld und auch motorisch hat er sichtbare Fortschritte gemacht. Das muss dir doch auch aufgefallen sein. Hast du ihn jemals zuvor nach einem Glas greifen sehen? Und immer wieder fragt er nach Dario. Es muss doch irgendeine ungeheuer positive Verbindung zwischen den beiden entstanden sein. Eine, die Andy so richtig gutgetan hat. Vielleicht wäre Dario ja bereit, sich auch weiterhin mit Andy zu treffen?

MUTTER: Wie stellst du dir das bitte vor, nach allem, was passiert ist?

VATER: Es muss ja nicht gleich wieder eine Reise sein, ein paar gemeinsame Nachmittage würden es ja auch tun. Du siehst doch, wie gut sich Andy entwickelt hat. Was meinst du?

(Darios Mutter scheint mit sich zu ringen und antwortet nach einer Weile.)

MUTTER: Ob du es glaubst oder nicht, trotz meiner Wut auf den Kerl habe ich auch schon über so etwas nachgedacht. Für Andy könnte ich meinen Ärger vielleicht ausblenden. Aber ich will mir diesen Dario noch einmal anschauen.

VATER: Danke, Anna. Ich rufe heute noch bei Darios Mutter an und vereinbare ein Treffen.

(301 Wörter)

WAHLTEIL B

Erörterung

Hinweis: *Verlangt ist hier eine dialektische Erörterung; du sollst also Argumente finden, die sowohl dafür als auch dagegen sprechen, dass Busse und Bahnen im öffentlichen Personennahverkehr kostenfrei genutzt werden können. Für deine Erörterung sind zwei Materialien vorgegeben, denen du Argumente entnehmen kannst. Untersuche sie zunächst gründlich und notiere dir, auf welche Inhalte du in deinem Aufsatz Bezug nehmen kannst. Überlege dir dann zusätzlich eigene Argumente.*

Gliedere deinen Text folgendermaßen:

- *Einleitung, in der du kurz zum Thema hinführst und zur Themenfrage überleitest (Nennung von Textsorte, Titel, Autor*in, Quelle und Erscheinungsdatum des vorgegebenen Textes);*
- *Hauptteil, in dem du eigene Argumente ausarbeitest und auf die Materialien Bezug nimmst;*
- *Schluss, in dem du ein abschließendes Fazit ziehst und deine eigene Meinung begründet darstellst.*

Achte im Hauptteil darauf, dass deine Argumente vollständig sind, sie also Behauptung, Begründung und Beispiel/Beleg enthalten. Denke auch daran, dass du die Quelle nennst, wenn du etwas aus den Materialien direkt oder indirekt zitierst. Verwende eine sachliche Sprache und verknüpfe die Argumente abwechslungsreich miteinander.

Aufsatzbeispiel

Einleitung

Immer wieder hört man davon, dass Städte Modellprojekte starten und auf einen kostenlosen öffentlichen Personennahverkehr (ÖPNV) umstellen. So hat die bayerische Stadt Augsburg beispielsweise Anfang 2020 ein unentgeltliches Cityticket für alle Bürger*innen eingeführt. In Rostock dürfen hingegen Schüler*innen kostenlos mit Bus und Bahn fahren, was im Artikel „Schüler fahren künftig umsonst Bus und Bahn“, der am 18. 10. 2018 auf der Internetseite www.spiegel.de erschienen ist, thematisiert wird. Allerdings besteht keineswegs Einigkeit über die Vor- und Nachteile eines kostenlosen ÖPNV, wie der Text „Sollte der Nahverkehr kostenlos sein?“ aus der Tageszeitung (taz) vom 18. 04. 2019 zeigt, in dem die Autorin Leonie Theiding und der Autor Edgar Langwald über dieses Thema diskutieren.

Themenfrage

Daher stellt sich nun die Frage, welche Gründe für oder gegen einen kostenlosen öffentlichen Personennahverkehr sprechen.

Das wohl wichtigste Argument, das gegen einen kostenfreien ÖPNV spricht, sind die enormen Kosten, die damit verbunden wären. Nicht nur, dass den Verkehrsbetrieben die Einnahmen durch den Fahrkartenverkauf verloren gingen, sondern es wären auch noch zusätzliche Investitionen nötig, um den ÖPNV auszubauen und an die steigenden Fahrgastzahlen anzupassen. Allein in Rostock belaufen sich laut Sozialsenator Bockhahn die Kosten für das kostenlose Schülerticket pro Jahr auf etwa 3,3 Millionen Euro (vgl. M 2, Z. 13–16), dabei dürfen hier nur die Schüler*innen umsonst mit Bus und Bahn fahren und der Rest der Bevölkerung kauft nach wie vor eine Fahrkarte. Diese Fahrkartenerlöse würden bei einem generell kostenfreien ÖPNV vollständig entfallen. In Hamburg werden beispielsweise jedes Jahr 825,5 Millionen Euro durch den Verkauf von Fahrkarten erzielt, wie Edgar Langwald in seinem Artikel „Sollte der Nahverkehr kostenlos sein?" erklärt (vgl. M 1, Z. 131–133). Ohne diese Einnahmen ginge die Finanzierung des Nahverkehrs zulasten der Städte bzw. Kommunen und damit der Steuerzahler*innen.

Hauptteil
Nachteil 1: hohe Kosten

Aber auch wenn Bus und Bahn kostenfrei genutzt werden dürften, wird der erhoffte, massenhafte Umstieg vom Auto auf öffentliche Verkehrsmittel wohl ausbleiben. Die wenigsten Autofahrer*innen entscheiden sich aus Kostengründen für das Auto, sondern weil sie die Flexibilität, Geschwindigkeit, Zuverlässigkeit und Bequemlichkeit schätzen (vgl. M 1, Z. 103–106). Dies bietet der ÖPNV aktuell nicht oder nur eingeschränkt. Durch das kostenlose Angebot werden eher Fußgänger und Fahrradfahrer angelockt. Durch diese würden Busse und Bahnen gerade zu Stoßzeiten aber noch überfüllter werden (vgl. M 1, Z. 120–126), was die Autofahrer*innen, die man ja eigentlich zu einem Umstieg bewegen will, jedoch erst recht abschreckt.

*Nachteil 2: ÖPNV unattraktiv für Autofahrer*innen*

Außerdem wäre ein kostenloser öffentlicher Personennahverkehr unfair denjenigen gegenüber, die ihn nicht nutzen. Denn wirklich „kostenlos" ist er keineswegs. In Hamburg müssten beispielsweise alle Bürger*innen über ihre Steuern

Nachteil 3: Ungerechtigkeit

rund 238 Euro pro Person bezahlen, um die fehlenden Einnahmen durch den Fahrkartenverkauf zu decken (vgl. M 1, Z. 133–138). Auch Personen, die den ÖPNV nicht nutzen, wären davon nicht ausgenommen, was besonders ungerecht für diejenigen ist, die schlecht an das öffentliche Verkehrsnetz angebunden oder aus beruflichen Gründen auf das Auto angewiesen sind.

Überleitung zu den Vorteilen

Bei allen Argumenten, die gegen einen kostenfreien öffentlichen Personennahverkehr sprechen, sollten jedoch auch die positiven Effekte, die durch die Einführung dieses Angebots entstehen würden, nicht außer Acht gelassen werden.

Vorteil 1: Entlastung der Innenstädte

So könnten die Innenstädte, die unter dem hohen Verkehrsaufkommen leiden, nach und nach entlastet werden. Denn durch einen kostenlosen ÖPNV würden sich Autofahrer*innen öfter für Busse und Bahnen entscheiden, da die Zusatzkosten für eine Fahrkarte entfallen. Wer beispielsweise mit dem Auto in die Innenstadt fährt, weiß, dass üblicherweise mit Staus und einer schwierigen Parkplatzsituation zu rechnen ist. Daher wäre der kostenlose ÖPNV bei Fahrten in die Innenstadt nicht nur günstiger, sondern auch stressfreier und möglicherweise sogar schneller. Die Zahl der Autos in den Innenstädten würde sich folglich durch das kostenlose Angebot reduzieren.

Vorteil 2: Mobilität für alle

Zudem wäre Mobilität kein Luxusgut mehr, das sich nicht alle Bürger*innen leisten können. Laut Leonie Theiding trage „ein kostenloser öffentlicher Nahverkehr auch zur Verringerung der Spaltung zwischen Arm und Reich" bei (M 1, Z. 78–80). Durch die kostenfreie Nutzung von Bussen und Bahnen könnten z. B. auch Rentner*innen, die zunehmend von Altersarmut betroffen sind, mobil bleiben und am sozialen Leben teilnehmen. Dasselbe gilt für Kinder aus einkommensschwachen Familien, die sich die längeren Wege zu einer weiterführenden Schule möglicherweise nicht leisten können. Landtagsabgeordnete Eva-Maria Kröger betont daher auch, dass das kostenfreie Schülerticket in Rostock „die Chancengleichheit erhöhen und die Bildung verbessern" solle (M 2, Z. 42/43). Das zeigt, wie wichtig es ist, dass alle Bürger*innen unabhängig von ihrem Einkommen die Möglichkeit erhalten, mobil zu sein.

Vorteil 3: geringere Umweltbelastung

Am stärksten wiegt aber das Argument, dass die Umweltbelastung durch die Einführung eines kostenlosen ÖPNV sinkt. Mit der abnehmenden Anzahl der Autos würde sich nicht nur die Lärmbelästigung, sondern vor allem auch der Ausstoß an CO_2, das maßgeblich zum Klimawandel beiträgt, reduzieren. „40 Prozent der in Deutschland emittierten Stickoxide werden laut Umweltbundesamt durch den Verkehr verursacht" (M 1, Z. 64–67). Busse und Bahnen verbrauchen laut Angaben des Verbandes Deutscher Verkehrsunternehmen (VDV) nur halb so viel Energie pro Passagier wie eine Fahrt mit dem Auto (vgl. M 1, Z. 69–74), weshalb ein Umstieg auf öffentliche Verkehrsmittel einen großen Beitrag zum Klimaschutz leistet. Ein kostenloser ÖPNV würde einen Anreiz für diesen Umstieg schaffen.

Schluss

Fazit

Auch wenn die Argumente, die gegen einen kostenlosen ÖPNV sprechen, z. B. die entstehenden Kosten, nicht vollkommen von der Hand zu weisen sind, überwiegen die Vorteile doch deutlich. Natürlich wird es eine Weile dauern, bis sich alles eingespielt hat und die positiven Auswirkungen zum Tragen kommen, aber das Warten wird sich in meinen Augen lohnen. Wie groß der Effekt auf die Umwelt ist, wenn weniger Autos auf den Straßen unterwegs sind, hat sich besonders am Anfang der Corona-Pandemie gezeigt, denn die Luftqualität in den Städten hat sich während des Lockdowns maßgeblich verbessert. Daran erkennt man, wie viel Einfluss der Verkehr und unser Verhalten auf die Umwelt haben.

Wunsch/Appell

Selbst wenn es nicht dazu kommt, dass der ÖPNV kostenlos wird, würde ich mir wünschen, dass mehr Menschen das Auto einmal stehen lassen und stattdessen Busse und Bahnen nutzen. Noch besser wäre es, wenn sie gleich mit dem Fahrrad fahren oder zu Fuß gehen – das ist nämlich nicht nur gut für die Umwelt, sondern auch für die eigene Gesundheit.

Textbeschreibung Lyrik

Hinweis: *Denke daran, dass du nicht alle Bausteine einer Textbeschreibung in deinem Aufsatz unterbringen musst. Lies die Aufgabenstellung genau und behalte im Hinterkopf, welche Aspekte im Hauptteil von dir verlangt werden und welche Unterpunkte für diese relevant sein könnten. Wichtig ist insbesondere, dass der Bereich „Sprache und Stil" nie unabhängig vom Inhalt betrachtet werden darf. Es reicht also nicht, sprachliche Auffälligkeiten nur aufzulisten. Du musst immer den Bezug zum Inhalt des Textes herstellen und auch die Wirkung der sprachlichen Mittel beschreiben. Das hier abgedruckte Lösungsbeispiel ist recht umfangreich und in manchen Bereichen sehr ausführlich gestaltet. Es soll dir aber einen Eindruck davon vermitteln, wie die jeweiligen Erkenntnisse in Worte gefasst werden können.*

Aufsatzbeispiel

Einleitung
Information zum Text mit Kern-/Basissatz

Michail Krausnick kritisiert in seinem Gedicht „Modern modern", das im Jahr 2002 im Band „Pausenliebe" erstmals erschienen ist, das Konsumverhalten der Gesellschaft und das Diktat der Mode.

kurze Zusammenfassung des Inhalts

In dem Gedicht wird veranschaulicht, dass die Mode ständig wechselt und die Masse der Menschen alle neuen Trends mitmacht, ohne diese zu hinterfragen. Ein Einzelner stellt sich schließlich die Frage nach dem Warum und bricht aus dem Strom der Konsumenten aus, wird dafür aber von der Masse überrollt und somit gewissermaßen aus der Gesellschaft ausgeschlossen.

Hauptteil
Aufbau und Reimschema

Das Gedicht besteht aus vier Strophen mit jeweils vier Versen, wobei die Verse der vierten Strophe deutlich kürzer sind als die der drei vorhergehenden. Auch was das Reimschema betrifft, bildet die vierte Strophe eine Ausnahme: In den Strophen 1 bis 3 liegen Paarreime vor, in der vierten Strophe jedoch eine Art Kreuzreim, bei dem sich aber nur der zweite und vierte Vers reimen (abcb). Diese formale Besonderheit weist bereits darauf hin, dass der vierten Strophe besondere Bedeutung zukommt: Sie gibt Antwort auf die Frage, was mit einzelnen Menschen geschieht, die aus der Konsumgesellschaft auszubrechen versuchen. In der zweiten Strophe befindet sich ein unreiner Reim, da die Wörter „Gehn" (V. 5) und „schön" (V. 6) nur annähernden Gleichklang besitzen. Strophe 3 beinhaltet einen identischen

Reim, denn hier wird am Versende das Wort „Warum" lediglich wiederholt (vgl. V. 11 / 12).

Bedeutung des Titels

Der Titel des Gedichts, „Modern modern", verweist schon auf das Thema Mode. Nicht nur, weil im Begriff „modern" bereits das Wort „Mode" steckt, sondern auch, weil es sich dabei um eine der schnelllebigsten Branchen handelt. Beim ersten Lesen fällt sofort die Wiederholung des Wortes „modern" auf. Diese erzeugt eine gewisse Eindringlichkeit, könnte jedoch auch ein Zeichen für Ironie oder eine Abwertung des Begriffes sein. Die Wiederholung könnte – jemandem gegenüber geäußert, der sehr viel Wert auf Mode legt – nahelegen, dass derjenige offenbar nur noch vom Thema Mode und Modernsein beherrscht wird. Nach dem Lesen des Gedichts bestätigen sich diese beiden Deutungen. Auffällig ist außerdem, dass die später im Gedicht immer wieder auftretende Paarbildung von Begriffen in gewisser Weise durch die Wiederholung widergespiegelt wird.

Zusammenhang zwischen Handlung, Sprache und Stil

In der ersten Strophe des Gedichts geht es um die sich ständig ändernde Mode und die immer neuen Trends in den Bereichen Kleidung und Schönheitsideal. Das wird durch den ersten kurzen Satz „Die Mode wechselt." (V. 1) gleich klar.

gegensätzliche Wortpaare/Ellipsen

In meist gegensätzlichen Wortpaaren, die jeweils als Ellipsen, also als unvollständige Sätze, aufgeführt werden, wird der schnelle Wechsel der Mode, die von einem auf den anderen Tag neue Kehrtwenden zu machen scheint, verdeutlicht. So könnte der Satz „Mal mager, mal rund" (V. 3) vollständig zum Beispiel lauten: Die Models sind mal mager und mal rund. Die Paare „frei"/„bedeckt" (V. 2), „mager"/ „rund" (V. 3), „länger"/„kürzer" (V. 4) und „farbig"/ „bunt" (V. 4) geben den eindeutigen Hinweis, dass es um Kleidung, Styling und Schönheit geht. So beziehen sich „frei" und „bedeckt" sicherlich auf den Schnitt von Kleidung, während mit den Begriffen „farbig" und „bunt" vielleicht die Stoffe der Kleidungsstücke beschrieben werden.

umgangssprachliche Kurzform „mal"

Das Wort „mal", das in jedem dieser Wortpaare jeweils zweimal verwendet und somit insgesamt elfmal wiederholt wird, macht deutlich, wie kurzlebig die verschiedenen Trends sind und dass die Mode einem ständigen Wandel unterworfen ist. Der Begriff wirkt sehr umgangssprachlich, da die Kurzform „mal" und nicht das gesamte Wort („einmal") verwendet wird, was die Alltäglichkeit des schnellen Wandels der Trends erneut veranschaulicht. Durch die immer gleiche Art der Aufzählung der Wortpaare entsteht ein schneller Leserhythmus, der den raschen Wechsel der Modetrends widerspiegelt.

Metapher/ Personifikation

Auch die Antwort darauf, weshalb es zu diesem ständigen Wandel kommt, wird in der ersten Strophe genannt: „Bedarf wird geweckt." (V. 1) Dies ist eine Metapher und eine Personifikation, denn Bedarf schläft nicht und kann somit auch nicht aufgeweckt werden, die Aussage muss also im übertragenen Sinn verstanden werden. Gemeint ist, dass der Bedarf an neuen Konsumgütern von außen künstlich herbeigeführt wird. Die Modebranche und die Werbung entwickeln die neuen Trends nur deshalb, um die Menschen zum Kaufen zu verleiten. An dieser Stelle ist die Kritik an diesem Phänomen bereits deutlich zu spüren.

Die zweite Strophe befasst sich noch immer mit gegensätzlichen Trends, geht aber auch darauf ein, dass man sich nicht gegen diese wehren kann. Mit den Aussagen „Ein Kommen und Gehn" (V. 5) sowie „Es ändert sich schnell/Die Meinung, die Farbe, der Stoff, das Modell" (V. 7/8) fasst der Autor noch einmal zusammen, worauf gleich zu Beginn der ersten Strophe hingewiesen wurde: „Die Mode wechselt." (V. 1)

Inversion

Die vorliegende Inversion („Es ändert sich schnell" wird vorangestellt) erfüllt einerseits den Zweck, das Reimschema zu erhalten, betont andererseits durch die Voranstellung noch einmal den schnellen Wechsel. Die Erkenntnis „Was heute noch schön,/Ist morgen unmöglich" (V. 6/7) zeigt, wie beliebig und willkürlich die Modetrends sind und wie leicht die Gesellschaft von ihrer Meinung wieder abrückt.

Der einzige Satz der zweiten Strophe, der vollständig und nicht als Inversion vorliegt, findet sich in Vers 6: „Man kann sich nicht wehren." Durch die Verwendung des unpersönlichen Pronomens „man" wird klar, dass jede*r Einzelne gemeint ist, aber auch, dass es nicht auf das Individuum ankommt. Hier wird schon aufgezeigt, dass man sich offenbar nicht ohne Folgen den Trends widersetzen, also „sich wehren" kann, was sich in den folgenden Strophen noch konkretisiert.

unpersönliches Pronomen „man"

In der dritten Strophe tritt eine Veränderung ein. War vorher der Sprachstil sehr distanziert und stichwortartig, scheint hier eine Art Erzählung zu beginnen. Es liegen keine Ellipsen mehr vor und auch die Zeitform wechselt vom Präsens ins Präteritum bzw. ins Perfekt. Auch inhaltlich verändert sich etwas, denn nun wird auf die Handlung eines Einzelnen eingegangen, der versucht, das Konsumverhalten der Menschen zu durchbrechen.

erzählender Sprachstil: Wechsel der Zeitform

Sein Verhalten wird mit dem Neologismus „konsumwidrig" (V. 10) bezeichnet, also als etwas, mit dem er sich dem Konsum widersetzt. Durch die Bezeichnung „Gerenne" (V. 9), die sehr abwertend klingt, wird das Konsumverhalten wieder deutlich kritisiert.

Neologismus

Es wird zunächst Spannung aufgebaut, was zu dem erzählenden Stil passt. Erst wird angedeutet, dass etwas Besonderes, etwas Aufregendes passiert ist, indem der erste Vers dieser Strophe („da ist es geschehn", V. 9) mit einem Doppelpunkt endet. Dies verrät den Leserinnen und Lesern, dass sie nun gleich erfahren werden, was denn geschehen ist, und erhöht so die Neugier, weiterzulesen. Was sich ereignet hat, erfährt man im Folgenden: Ein Einzelner hat den gewohnten Lauf der Dinge unterbrochen und die Frage gestellt, weshalb die Menschen unüberlegt allen Trends folgen. Dass dies seiner Meinung nach unüberlegt ist und nicht hinterfragt wird, kann man dem Wort „Hammel" (V. 12) entnehmen. Der Mensch wird hier also mit einem Schaf verglichen, das gemeinhin als dumm gilt. Dass dieser einzelne Konsumgegner verzweifelt ist (vgl. V. 11), zeigt, wie hilflos

Erzeugung von Spannung

Vergleich

und auch ratlos er ist. Er versteht selbst nicht, wie es so weit kommen konnte und weshalb das außer ihm offenbar niemand wahrzunehmen scheint. Die Wiederholung des Fragewortes „Warum" (V. 11/12) verstärkt die Eindrücklichkeit seiner Frage, mit der er die anderen Menschen möglicherweise wachzurütteln versucht. Die vierte Strophe, die sich optisch und formal von den anderen absetzt, enthält die Antwort: Der „Konsumwidrige" wird nicht erhört, sondern einfach von den anderen überrollt, von der Hammelherde zertreten. Mit dem Begriff „Herde" (V. 13) wird noch einmal Bezug auf die Betitelung der Menschen als „Hammel" (V. 12) genommen und somit nochmals unterstellt, dass die Masse der Gesellschaft in Bezug auf das Nachlaufen hinter neuesten Trends nicht nachdenkt.

Wendepunkt

Der Doppelpunkt am Ende von Vers 14 erhöht erneut die Spannung. Man fragt sich, wie die Antwort der Menschen auf den Zweifler ausfallen wird, und erfährt die unerwartete und makabre Wendung: Er wurde zu Brei zertreten (vgl. V. 16), was natürlich sehr überspitzt dargestellt ist. Auf die Wirklichkeit übertragen, könnte das bedeuten, dass er ausgeschlossen wird, keine weitere Beachtung erfährt und nicht mehr als vollwertiges Mitglied der Gesellschaft angesehen wird. Dass er „zu Brei" und nicht einfach nur „zertreten" (V. 16) wird, weist darauf hin, dass die Menschen sich immer noch einig sind und sich sozusagen gemeinsam gegen den Zweifler stellen. Er hat offenbar keine Mitstreiter gefunden. Die anderen haben ihm ihre nonverbale Antwort sogar „[g]anz offen und frei" (V. 14) gegeben, also ohne jegliche Hemmungen oder Skrupel.

offenes Ende

Die Auslassungspunkte am Ende des Gedichts zeigen einerseits, dass offenbleibt, wie die anderen Menschen darauf reagieren, dass einer nun einfach „zertreten" wurde, sie regen andererseits die Leser*innen aber auch zum Nachdenken an. Die zunächst eher neutrale und sachliche Atmosphäre der ersten Strophen schlägt hier in eine düstere Erzählung um, die die Leser*innen mit einem mulmigen Gefühl entlässt.

Schluss

mögliche Absicht des Autors/Textes

Am Beispiel des Themas Mode greift Michail Krausnick in seinem Gedicht ein Phänomen unserer Gesellschaft auf, das gerade in der jüngeren Generation eine große Rolle spielt: Das Aufkommen von Trends und die Frage, wie man damit umgeht. Die Haltung des Gedichts zum Thema wird durch die Wörter „Gerenne" (V. 9) und „Herde" (V. 13) deutlich: Es kritisiert damit diejenigen, die oftmals gedankenlos jedem neuen Trend nacheifern, auch wenn es zugesteht, dass es schwer ist, sich dagegen zu wehren. Der Text scheint uns dazu anregen zu wollen, darüber nachzudenken, ob wir selbst vielleicht auch zu denen gehören, die immer den neuesten Trends hinterherjagen, ohne sie zu hinterfragen, auch wenn sich diese sehr schnell ändern. Und auch die Frage, wie wir selbst mit Menschen umgehen, die sich diesem Diktat nicht beugen, stellt sich den Leserinnen und Lesern nach dem Lesen des Gedichts.

Transfer/ Stellungnahme

Gerade unter Jugendlichen haben diejenigen, die – aus welchem Grund auch immer – die neuesten Trends nicht mitmachen, oftmals Probleme und laufen Gefahr, Opfer von Mobbing zu werden. Jede*r hat es schon erlebt, dass zumindest über andere gelästert wurde, wenn sie vielleicht nicht so modisch gekleidet waren, nicht die neuesten Musikgruppen bejubelten oder nicht eines der aktuellen Smartphonemodelle besaßen. Ich persönlich fühle mich durch das Gedicht daran erinnert, dass ich nicht Teil einer hirnlosen Hammelherde sein möchte und dass ich auch nicht dabei mitmachen möchte, andere niederzumachen, weil sie weniger modern sind. Schließlich ist es besser, Entscheidungen aufgrund des eigenen Geschmacks zu treffen, statt einfach nur zu konsumieren, damit man „in" ist und mit den anderen mithalten kann.

Textbeschreibung Prosa

***Hinweis:** Denke daran, dass du nicht alle Bausteine einer Textbeschreibung in deinem Aufsatz unterbringen musst. Lies die Aufgabenstellung genau und behalte im Hinterkopf, welche Aspekte im Hauptteil von dir verlangt werden und welche Unterpunkte für diese relevant sein könnten. Wichtig ist insbesondere, dass der Bereich „Sprache und Stil" nie unabhängig vom Inhalt betrachtet werden darf. Es reicht also nicht, sprachliche Auffälligkeiten nur aufzulisten. Du musst immer den Bezug zum Inhalt des Textes herstellen und auch die Wirkung der sprachlichen Mittel beschreiben.*
Das hier abgedruckte Lösungsbeispiel ist recht umfangreich und in manchen Bereichen sehr ausführlich gestaltet. Es soll dir aber einen Eindruck davon vermitteln, wie die jeweiligen Erkenntnisse in Worte gefasst werden können.

***Beachte:** In aller Regel gibt es keinen Grund, über die Hautfarbe einer Person zu sprechen. Wenn aber über das Thema Rassismus geschrieben wird, ist es sehr wichtig, dass man auf die richtige Wortwahl achtet, um niemanden zu verletzen. Man sollte daher nur Begriffe verwenden, die Menschen mit Rassismuserfahrungen selbst für sich gewählt haben.*
Wenn es um Rassismus geht, ist der politisch korrekte Begriff Schwarze/Schwarz, denn diese Bezeichnung haben Schwarze Menschen selbst für sich gewählt. Sie wurden nicht zuerst von anderen so genannt. Um zu zeigen, dass es sich hier nicht um die Farbe handelt, sondern um Rassismuserfahrungen aufgrund der Hautfarbe, wird Schwarz in diesem Fall auch mit großem „S" geschrieben.
Eine Alternative ist die Selbstbezeichnung People of Color/Menschen of Color. Dazu zählen nicht nur Schwarze, sondern auch andere, die wegen ihrer Hautfarbe oder Herkunft Erfahrungen mit Rassismus machen. Dieser Ausdruck wird in der Regel kursiv oder in Anführungszeichen geschrieben, weil es nicht um eine wirkliche Farbe geht.
Aber Vorsicht: Farbige/farbig sollte man nicht verwenden, denn diesen Begriff haben sich Schwarze Menschen nicht selbst ausgesucht. Er stammt aus der Zeit des Kolonialismus und ist negativ besetzt. Auch Dunkelhäutige/dunkelhäutig finden viele Schwarze als Begriff nicht gut, weil auch diese Bezeichnung nicht selbst gewählt wurde.

Aufsatzbeispiel

Einleitung
Information zum Text mit Kern-/Basissatz

Die Kurzgeschichte „Konsequenz" von Josianne Maas handelt von alltäglichem Rassismus und der Tatsache, dass es Menschen gibt, die rassistisch sind, dies aber leugnen oder noch nicht einmal selbst bemerken. Der Text stammt aus dem Buch „Beispiele, Beispiele. Texte aus der Literarischen Werkstatt Gelsenkirchen", welches 1969 von Hugo E. Käfer als Herausgeber im Ernst Bitter Verlag in Recklinghausen veröffentlicht wurde.

kurze Zusammenfassung des Inhalts

In der Kurzgeschichte findet an einer Haus- oder Wohnungstür eine Befragung statt. Es werden sechs Fragen zum Thema Rassentrennung gestellt, von denen die Leser*innen nur die Antworten erfahren. Die befragte Person gibt sich zunächst als Gegner*in der Rassentrennung aus, aber im Laufe der Befragung stellt sich heraus, dass sie doch bewusst oder unbewusst rassistisch ist. So berichtet die Person zum Beispiel, sich nach dem Kontakt mit einem Schwarzen gleich die Hände gewaschen zu haben und reagiert entrüstet bei dem Gedanken, die eigene Tochter könne mit einem Schwarzen zusammen sein.

Hauptteil

Aufbau und Merkmale der Textsorte

Der Text lässt sich in sechs Sinnabschnitte unterteilen, die auf den sechs Fragen, die im Interview vermutlich gestellt werden, und deren Antworten basieren. Die Antworten entsprechen der wörtlichen Rede, werden jedoch ohne Anführungszeichen und Redebegleitsätze angegeben. Die fehlenden Fragen kann man sich leicht aus den Rückfragen der interviewten Person erschließen: Zuerst erkundigt sich die Interviewerin oder der Interviewer nach der Einstellung des Gegenübers zum Thema „Rassentrennung“ (Z. 1–4). Nachdem die interviewte Person bestätigt, dass sie dagegen ist, wird sie offenbar um eine Unterschrift gebeten (Z. 5–7). Daher ist anzunehmen, dass die Befragung im Rahmen einer Unterschriftensammlung stattfindet. Als Nächstes wird nach der Meinung zu einem aktuellen Ereignis in Amerika (Rassenkrawalle in Chicago) gefragt (Z. 8–10), was möglicherweise der Anlass für die Unterschriftensammlung ist. Danach geht es um das Verhalten bei einem direkten Kontakt mit einer Schwarzen Person an der Tür (Z. 11–17) und die Frage, ob die interviewte Person dem Schwarzen beim Zusammentreffen die Hand gegeben habe, also Körperkontakt stattgefunden hat (Z. 18–20). Schließlich wird die Frage gestellt, ob die interviewte Person ein Problem damit hätte, wenn die eigene Tochter mit einem Schwarzen liiert wäre (Z. 21–24).

Sinnabschnitte

Textsortenmerkmale

Der Text hat einen für Kurzgeschichten typischen, unmittelbaren Anfang und beginnt mit einer Rückfrage („Wie bitte, ob ich was bin?“, Z. 1). Das Gespräch hat demnach schon begonnen, auch wenn vermutlich nur eine Begrüßung und die erste Frage vorangegangen sind. Bei dem Interview handelt es sich um eine alltägliche Situation. Der

Text ist kurz und umfasst nur 24 Zeilen. Die Personenzahl beschränkt sich auf die Interviewerin bzw. den Interviewer und die Interviewte oder den Interviewten. Die Figuren bleiben namenlos und werden nicht näher beschrieben, wodurch sich die Leser*innen gut mit diesen identifizieren können. Zudem hat der Text ein offenes Ende. Er schließt mit der Aussage, dass die eigene Tochter so etwas – also eine Partnerschaft mit einem Schwarzen eingehen – nicht tue. Dies ist gleichzeitig der Höhe- und Wendepunkt, der durch die Aussage „Meine Tochter ist ein anständiges Mädchen" (Z. 23) eingeleitet wird. Es bleibt offen, wie das Gespräch weitergeht, wodurch die Leser*innen dazu angeregt werden, über den weiteren Gesprächsverlauf nachzudenken. Man könnte sich auch Gedanken darüber machen, ob die befragte Person am Ende doch noch merkt, dass ihre Aussagen widersprüchlich und rassistisch sind.

Spannungsverlauf

Im Laufe des Gesprächs widerlegt die interviewte Person die eigenen Aussagen durch Kommentare und abwertende Formulierungen immer wieder. Durch die Frage „Was können denn diese armen Menschen dafür, dass sie eine andere Hautfarbe haben?" (Z. 2/3) wird deutlich, dass die Person die dunkle Hautfarbe als Nachteil ansieht. Außerdem wird in der Aussage „Also ich habe nichts gegen die Neger" (Z. 6) der abwertende Begriff „Neger" verwendet. Dass Schwarze Menschen in den Augen der Person bemitleidenswert sind, wird im Satz „Sind ja schließlich auch Menschen" (Z. 10) deutlich. Die Äußerung „Man hat doch ein Herz für diese armen Teufel. [...] Ein ganz Schwarzer, sage ich Ihnen. Sowas von schwarz!" (Z. 11–13) zeigt noch deutlicher, dass die schwarze Hautfarbe als negativ angesehen wird. Dass die interviewte Person sogar das Bedürfnis hat, sich nach der Berührung eines Schwarzen Menschen die Hände zu waschen („Ich habe mir auch gleich hinterher die Hände gewasch ...", Z. 19) übertrifft das bisher Gesagte noch um ein Vielfaches. Immer mehr kommt die eigentliche Einstellung der befragten Person zum Vorschein. Am Ende wird die

Person sogar richtig wütend bei der Vorstellung, dass jemand annehmen könnte, die eigene Tochter könne ein Verhältnis mit einem Schwarzen haben („Sie, werden Sie nicht unverschämt. Meine Tochter ist ein anständiges Mädchen", Z. 22/23). Hier wird abschließend klar, dass schon die Antwort auf die erste Frage eine Lüge war. Die Gedanken und Gefühle der Interviewerin oder des Interviewers sind nicht ersichtlich, die befragte Person äußert sich dagegen sehr deutlich. Sie zeigt am Ende ihr wahres Gesicht, indem sie ihre Gedanken und ihre Gesinnung preisgibt. Durch die Ich-Perspektive, die Antworten und das Fehlen der Fragen werden die Leser*innen in die Rolle der Fragenden versetzt. Man fühlt sich in die Handlung einbezogen.

Ort und Zeit

Im Text werden weder direkte Zeit- noch Ortsangaben gemacht. Vermutlich findet das Gespräch jedoch tagsüber statt, da es sich um eine Art Umfrage handelt und diese normalerweise am Tag gemacht werden. Die Zeit, über die sich die Handlung erstreckt, also die erzählte Zeit, umfasst nur wenige Minuten, solange die Umfrage dauert. Die Erzählzeit, also die Zeit, die man zum Lesen der Geschichte braucht, ist wohl deutlich kürzer, da die Fragen nicht wiedergegeben werden. Es findet sich im Text auch eine kleine Rückblende (vgl. Z. 12–19), die ein Ereignis des Vortags mit einbezieht.

Als Ort der Befragung kommt beispielsweise die Wohnungs- oder Haustür der befragten Person infrage. Aus dem Wort „hier" im folgenden Zitat geht hervor, dass es sich um das Zuhause der befragten Person handeln muss: „Erst gestern war noch einer hier." (Z. 12)

Beschreibung der Figuren

befragte Person

Es kommt in der Geschichte nur eine Figur zu Wort: die befragte Person, die offensichtlich Mutter oder Vater einer Tochter ist (vgl. Z. 22). Vermutlich handelt es sich um die Mutter, da der Text aus dem Jahr 1969 stammt und damals meistens die Mütter tagsüber zu Hause geblieben sind, während die Väter arbeiten gingen. Erst am Ende weiß man sicher, dass die Person eigentlich doch für Rassentrennung ist. Man gewinnt aber schon vorher den Eindruck, dass sie nicht so tolerant ist, wie sie vorgibt, so ist z. B. das Wort „Neger" (Z. 6, 9, 22) eine abwertende Bezeichnung für Schwarze Menschen. Offensichtlich weiß die befragte Person aber, dass diese Denkweise in der Öffentlichkeit nicht akzeptiert ist, daher bemüht sie sich, ihre Meinung durch Aussagen wie „Es muss endlich mal Schluss gemacht werden mit der Diskriminierung!" (Z. 3/4) zu vertuschen. Die Worte und Taten der befragten Person stimmen aber nicht überein. Die Fassade bröckelt allmählich und sie entpuppt sich als Heuchler*in.

*Interviewer*in*

Die Person, die das Interview führt, taucht nicht direkt im Text auf. Es ist aber klar, dass es jemanden gibt, der die Fragen stellt und der teilweise direkt angesprochen wird, zum Beispiel in den Zeilen 22/23: „Sie, werden Sie nicht unverschämt." Möglicherweise ahnt die Interviewerin oder der Interviewer etwas von der wahren Einstellung der befragten Person und stellt deshalb die Frage nach der Tochter. Es scheint, als wolle die Interviewerin oder der Interviewer die befragte Person aus der Reserve locken, was ihr oder ihm auch gelingt. Die Interviewerin oder der Interviewer stellt geschickt und konsequent Fragen zum Thema Rassentrennung. Sie oder er ist offenbar intelligent und stellt der befragten Person eine Falle, als diese*r sich nach konkreten persönlichen Verhaltensweisen erkundigt.

Sprache und Stil

Alltagssprache

Die Kurzgeschichte bzw. die Gesprächssituation erscheint durch die Nähe zur Alltagssprache besonders realistisch. Die Alltagssprache zeigt sich in der Wortwahl, zum Beispiel „Na ja" (Z. 18), aber auch im Satzbau, der sich durch einfache, kurze und teilweise sogar abgehackte Sätze (vgl. Z. 15–17) auszeichnet. Der Satzbau ruft den Eindruck hervor, als würde die befragte Person unterbrochen werden oder als würde sie sich erst während des Sprechens darüber bewusst werden, was sie sagt.

Rückfragen

Der Text ist vorwiegend im Präsens geschrieben, z. B. „bin" (Z. 1), „können" (Z. 2), „muss" (Z. 3), da er wie ein Dialog aufgebaut ist, auch wenn nur eine Person spricht und die wörtliche Rede nicht durch Anführungszeichen und Begleitsätze gekennzeichnet ist. Häufig stehen Fragen am Beginn eines neuen thematischen Abschnitts, zum Beispiel in Zeile 8: „Rassenkrawalle in Chicago?“ Dies wirkt ebenfalls realistisch und informiert gleichzeitig über die fehlenden Fragen.

Bei den Rückfragen handelt es sich um rhetorische Fragen: „Wie bitte, ob ich was bin?“ (Z. 1) Es klingt immer ein bisschen Entrüstung mit, fast so, als ob mit der gestellten Frage eine Unterstellung einherginge. Deshalb wirken die Antworten auch wie Verteidigungen, z. B. „Na, hören Sie mal! Man hat doch ein Herz für diese armen Teufel“ (Z. 11/12).

Ellipsen

Einige Ellipsen, gekennzeichnet durch Auslassungspunkte (vgl. Z. 16, 17, 19), dienen dazu, peinliche Äußerungen nicht zu verbalisieren.

Widerspruch zwischen Aussagen und Wortwahl

Die Art und Weise, wie über Schwarze Menschen gesprochen wird, verdeutlicht, dass sich die interviewte Person zwar eigentlich in ein gutes Licht rücken will, durch das Gesagte und die Art der Sprache aber genau das Gegenteil bewirkt. Zahlreiche Formulierungen zeigen, dass die Wortwahl nicht mit der beabsichtigten Wirkung übereinstimmt und ihre oder seine rassistische Einstellung zum Vorschein kommt, z. B. „diese armen Menschen“ (Z. 2/3), „beweisen“ (Z. 6), „Also ich habe nichts gegen die Neger“ (Z. 6), „Sind ja schließlich auch Menschen“ (Z. 10), „diese armen Teufel“ (Z. 12), „Zuerst habe ich mich ja ein bisschen erschrocken [...]. Aber er war sehr nett“ (Z. 13/14), „Aber in diesem Fall ... Da macht man natürlich eine Ausnahme“ (Z. 15/16), „ein etwas komisches Gefühl“ (Z. 18), „gleich hinterher die Hände gewasch ...“ (Z. 19), „meine Tochter ... mit einem Neger? [...] ein anständiges Mädchen. Die tut sowas nicht!“ (Z. 22–24).

Bezug zum Titel

Wie in der Überschrift „Konsequenz“ schon angedeutet, wird im Text klar, dass diese Person „konsequent“ zum Ausdruck bringt, dass sie Schwarze Menschen eben nicht als gleichwertig ansieht.

Schluss
Transfer

Die Kurzgeschichte spricht das Problem der Rassentrennung und Diskriminierung von Schwarzen Menschen an, das immer noch in vielen Köpfen besteht. Es geht um alltäglichen Rassismus. Der Text ist zwar schon älter, aber auch heute ist Rassismus noch ein aktuelles Thema. In unserer zunehmend multikulturellen Gesellschaft zeigt sich immer wieder, wie offen – oder eben nicht – wir anderen Kulturen gegenüber sind. Auch der im Text erwähnte Blick nach Amerika passt zur heutigen Zeit, denn auch aktuell gibt es dort Proteste gegen die ungleiche Behandlung von Schwarzen Menschen. Die „Black Lives Matter"-Bewegung fügt sich hier gut ins Bild. BLM (englisch für „Schwarze Leben zählen") ist eine internationale Bewegung, die innerhalb der afroamerikanischen Gemeinschaft in den Vereinigten Staaten entstanden ist und sich gegen Gewalt gegen Schwarze bzw. *Menschen of Color* einsetzt.

Stellungnahme

Es ist erschreckend, dass auch heute noch Rassismus im Alltag spürbar und erlebbar ist. Obwohl sich viele selbst nicht für rassistisch halten, lassen sie sich doch zumindest unbewusst von Vorurteilen leiten. Aussprüche wie „Ich habe ja nichts gegen …, aber …" hat man in den letzten Jahren z. B. besonders oft im Zusammenhang mit geflüchteten Menschen gehört. Die Kurzgeschichte ist daher auch heute noch relevant, denn sie regt uns Leser*innen dazu an, über unser persönliches Verhalten, über unsere tatsächliche Toleranz oder über die Doppelmoral, die es auch bei uns gibt, nachzudenken.

mögliche Absicht des Textes